FORMULAIRE

DE LA

CHAMBRE DES MISES EN ACCUSATION

ET DE LA

COUR D'ASSISES

PAR

M. ROLLAND DE VILLARGUES

Conseiller à la Cour impériale de Paris, Chevalier de la Légion d'honneur,
Auteur des Codes criminels et du Code des Lois de la presse interprétés

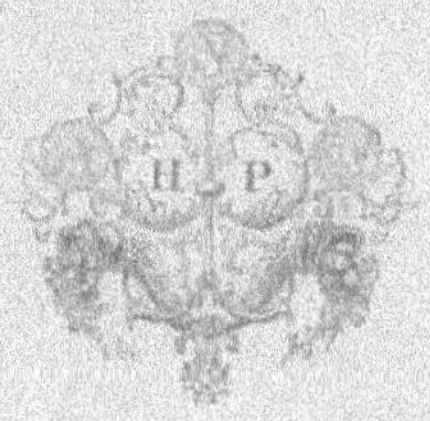

PARIS

HENRI PLON, ÉDITEUR
8, RUE GARANCIÈRE.

MARESCQ AINÉ, ÉDITEUR
17, RUE SOUFFLOT

M DCCC LXVIII

F

FORMULAIRE

DE

LA COUR D'ASSISES.

RÉSUMÉ

DES DEVOIRS DU PRÉSIDENT DES ASSISES.

Le président doit visiter la maison de justice avant l'ouverture de la session et après sa clôture. (Circul. 26 janv. 1857.) — Il vérifie les registres d'écrou et les vise après le dernier écrou. (Art. 607 et 611 C. i. cr.) — Il s'informe auprès de chaque accusé s'il a été interrogé, s'il a un défenseur, s'il a reçu copie des pièces, si l'arrêt de renvoi et l'acte d'accusation lui ont été signifiés, s'il a des réclamations à présenter. — Il observe l'état de la prison, vérifie si les condamnés aux sessions précédentes ont été évacués, si les enfants, les prévenus, les condamnés sont séparés, etc. (Circul. minist. 31 décembre 1850.)

Il doit interroger l'accusé dans les vingt-quatre heures au plus tard après la remise des pièces au greffe et l'arrivée de l'accusé dans la maison de justice. (Art. 293 C. i. cr.) — En cas d'absence du président et à défaut d'une délégation de sa part, il est procédé à l'interrogatoire par le président du tribunal. (Art. 31 décr. 6 juill. 1810.)

Il doit, à la suite de cet interrogatoire, nommer d'office un conseil à l'accusé, si celui-ci n'en a pas choisi un. (Art. 296.)

Il doit l'avertir qu'il a cinq jours pour se pourvoir en nullité contre l'arrêt de renvoi à partir de cet avertissement. (Art. 295.)

Il examine les procédures et prépare les questions à soumettre au jury.

Il peut entendre ou faire entendre de nouveaux témoins et faire par lui-même un supplément d'instruction ou commettre un assesseur ou un juge d'instruction. (Art. 303.)

Il décide d'office ou sur la requête qui lui est présentée s'il y a lieu de renvoyer une affaire à une autre session. (Art. 306.)

Il peut ordonner la jonction de plusieurs actes d'accusation contre différents accusés (art. 307) ou décider que l'accusé ne sera mis en jugement que sur un ou plusieurs des délits non connexes compris dans l'acte d'accusation. (Art. 308.)

Il établit le rôle des affaires de la session et le communique au ministère public. Il prévient les accusés du jour de leur comparution.

Il doit veiller à ce que la liste des quarante jurés soit notifiée à l'accusé la veille de l'audience (art. 395) et à ce que la liste des témoins lui soit notifiée la veille de l'examen. (Art. 315.)

Il peut faire citer des témoins à l'audience à la demande de l'accusé indigent. (Loi 22 janv. 1851, art. 30.)

Il donne des ordres pour qu'il y ait à la cour d'assises une force armée suffisante. — Il peut requérir la troupe de ligne pour la police de l'audience et le maintien de l'ordre tant à l'extérieur qu'à l'intérieur. (Circul. 11 mars 1862.)

Si l'accusé refuse de comparaître à l'audience, il rend une ordonnance pour qu'on l'amène par force. (Loi 9 sept. 1835, art. 8 et 9.)

Il a la direction des débats et la police de l'audience. (Art. 267, 270.)

Il est chargé de diriger les jurés, de leur exposer l'affaire et même de leur rappeler leur devoir. (Art. 267.) (1)

Il peut, dans le cours des débats, appeler et

(1) Des présidents d'assises fort expérimentés sont dans l'usage d'adresser aux jurés, en chambre du conseil, au commencement de chaque session, une allocution pour leur rappeler les devoirs qu'ils ont à remplir dans les importantes fonctions que la société leur confie ; ces devoirs sont indiqués brièvement dans la formule de serment qu'ils doivent prêter (art. 312) et dans l'instruction qui doit être affichée dans leur chambre de délibération (art. 342). Ce sont notamment l'attention dans le cours des débats, l'impartialité et la fermeté dans le verdict qu'ils ont à rendre. Il est bon aussi de leur rappeler, ce qu'ils oublient trop souvent, que le droit de grâce n'appartient qu'au souverain, et qu'ils manquent à leur premier devoir lorsque, pensant aux dispositions des lois pénales, ils considèrent les suites que pourra avoir leur déclaration. L'exposé de ces principes et de ces règles, qui est conforme au vœu de la loi, peut avoir une grande utilité.

1867 (6)

entendre toutes personnes et se faire apporter toutes nouvelles pièces. (Art. 269.)

Il est investi d'un pouvoir discrétionnaire qui lui permet de faire tout ce qu'il juge utile pour découvrir la vérité. (Art. 268.)

Il peut faire des injonctions aux avocats qui s'écartent du respect dû aux lois, à la religion, aux autorités établies, ou qui profèrent des injures ou des diffamations envers les parties. Au besoin, la cour réprime immédiatement ces attaques par une peine disciplinaire. (Art. 39 décr. du 14 déc. 1810, art. 18 et 43 ordonn. du 20 nov. 1822, art. 23 loi 17 mai 1819.)

Il fait expulser les assistants qui font du tumulte; il les fait arrêter et conduire dans la maison d'arrêt s'ils résistent à ses ordres ou rentrent. (Art. 504.)

S'il se commet un délit dans l'enceinte de l'audience, il dresse procès-verbal du fait, entend les prévenus et les témoins, et la cour applique la peine. (Art. 181.)

Il peut faire mettre en état d'arrestation un témoin dont la déposition paraît fausse; il peut par lui-même ou par un juge par lui commis remplir à son égard les fonctions attribuées au juge d'instruction. (Art. 330.)

Si, dans le cours des débats, l'accusé est inculpé sur un autre fait, le président, après avoir prononcé l'acquittement de l'accusation, ordonne que l'accusé soit poursuivi sur ce nouveau fait et le renvoie en état de mandat de comparution ou d'amener devant le juge d'instruction du lieu où siége la cour. (Art. 361.)

Il vérifie les procès-verbaux rédigés par le greffier.

A la fin de la session, il adresse un rapport au garde des sceaux. (Circul. 21 déc. 1850, 26 janv. 1857.)

HONNEURS

A RENDRE AU PRÉSIDENT DES ASSISES. — SES PRÉROGATIVES.

Le président des assises a droit à un logement soit à l'hôtel de ville, soit au palais de justice, soit dans une maison particulière et meublée désignée par le maire. (Art. 1 décr. 27 fév. 1811.)

Une brigade de gendarmerie doit se porter cent pas au delà des portes de la ville au-devant de lui et l'escorter jusqu'à son domicile. Une brigade de gendarmerie l'escorte de même à son départ. (Art. 2, *id.*) — Le président donne avis du jour et de l'heure de son arrivée au procureur impérial, afin que celui-ci puisse en prévenir les autorités. (Circul. 11 avril 1827, 13 juin 1862.)

Le maire et ses adjoints le reçoivent au haut de l'escalier de la maison qui lui est destinée et l'y installent.

Il est reçu dans l'intérieur de son appartement par le tribunal en corps. (Art. 4, *id.*)

Il doit avoir à sa porte pendant tout le temps de sa résidence une sentinelle fournie soit par la compagnie de réserve, soit par la garde nationale.

Il fait la visite au préfet, qui la lui rend dans les vingt-quatre heures. (Art. 7, *id.*)

Dans l'usage, il prévient la visite de l'évêque.

Les corps militaires qui se trouvent dans la ville l'envoient visiter, en leur nom, par un officier supérieur et un officier de chaque grade. — Tous les officiers supérieurs et autres de gendarmerie lui doivent la même visite. (Art. 6, *id.*)

Les maréchaux de camp commandant les dépôts et subdivisions militaires (aujourd'hui généraux de brigade) lui doivent visite les premiers en grande tenue. (Circul. min. 2 sept. 1823.) — Le président reçoit le général et les officiers en robe rouge. (Circul. 15 juin 1864.) — Il est convenable qu'il avertisse lui-même directement le général du jour et de l'heure où il pourra le recevoir. (Circul. 13 juin 1864.)

Il rend ces visites dans les vingt-quatre heures en habit de ville. (Circul. *id.*)

Dans les cérémonies publiques, le président est à la droite du préfet. Il a le pas sur le général de brigade. (Circul. min. 2 sept. 1823.)

Il a la franchise des lettres. (Ordonn. 17 nov. 1844.)

Il a droit à une indemnité de déplacement. (Ordonn. 17 mai et 3 août 1832, décr. 10 mars 1860.)

QUESTIONS

A POSER AU JURY.

RÈGLES GÉNÉRALES

SUR LA POSITION DES QUESTIONS.

Le président a le droit de poser les questions dans l'ordre qu'il juge le plus utile. Il ne saurait résulter de la classification par lui adoptée une ouverture à cassation, quand il s'est renfermé dans les limites de l'acte d'accusation et des débats.

Il peut les présenter avec une rédaction différente du résumé de l'acte d'accusation, pourvu que l'accusation ne soit pas altérée dans sa substance. — Cass. 8 avril 1830 (Bouton), 3 déc. 1836 (Desmaunay). V. sous l'art. 337 C. i. cr., nos 18 et suiv. *Codes crim.*

Il ne lui est pas interdit de diviser, dans les questions, les divers éléments constitutifs du crime, pour faciliter la délibération du jury et assurer sa liberté, toutes les fois que la division peut en être opérée sans changer l'accusation et sans préjudicier aux accusés. — Cass. 1er déc. 1866 (Colombati). *B. cr.*

Néanmoins, il est généralement préférable que le jury soit interrogé par une seule question sur les éléments constitutifs d'un fait principal, alors même que l'existence d'un de ces éléments suffirait pour constituer à lui seul un délit ou pour caractériser le crime. — Cass. 19 avril 1860 (Lemoing). V. sous l'art. 337 C. i. cr., no 167.

Les circonstances constitutives d'un crime doivent être posées au jury, quoiqu'elles aient été omises dans le dispositif de l'arrêt de renvoi et dans le résumé de l'acte d'accusation, si ces circonstances résultent des faits exposés dans l'arrêt de renvoi. — Cass. 28 déc. 1827 (Dimpré).

Il en est de même des circonstances aggravantes. — Cass. 10 avril 1821 (Picard). V. *id.*, nos 30, 32.

On doit éviter de poser au jury des questions de droit. Ainsi on ne peut lui demander si l'accusé est coupable du *crime de*..., s'il est *complice* de tel... On doit se borner à poser le fait, c'est à la cour qu'il appartient de lui donner sa qualification légale. — Cass. 22 sept. 1831 (Frédéric). *J. p.*

Chaque chef principal d'accusation, comme chacune des circonstances aggravantes qui s'y rattachent, doit être soumis au jury par une question distincte, à peine de nullité. — Cass. 19 avril 1860 (Lemoing).

S'il y a plusieurs accusés, des questions distinctes et séparées sur le fait principal et sur chacune des circonstances aggravantes doivent être posées à l'égard de chacun d'eux. — Cass. 27 mars 1849, 9 janvier 1868 (Leroy). V. sous l'art. 337 C. i. cr., nos 223 et suiv.

Cependant les circonstances aggravantes tenant à des faits matériels qui ne peuvent exister à l'égard de l'un des auteurs d'un crime sans exister à l'égard du coauteur n'ont pas besoin de faire l'objet de questions distinctes pour chaque accusé. — Cass. 30 déc. 1864 (Planix), 19 mai 1865 (Hamon). V. *id.*, no 237; V. la formule sous l'art. 60 et les notes.

Il en est autrement de celles qui tiennent à l'intention et à des appréciations morales, telles que la préméditation. — Cass. 30 déc. 1864 (Planix), 19 mai 1865 (Hamon). V. sous l'art. 337 C. i. cr., no 259.

Lorsque les circonstances constitutives d'un crime ont été posées dans une première question relative à l'auteur principal, elles n'ont pas besoin d'être reproduites dans les questions relatives aux autres accusés du même crime. — Cass. 13 oct. 1832. V. *id.*, no 91.

La cour n'est pas tenue d'interroger le jury sur les éléments constitutifs des circonstances aggravantes. — Cass. 1er août 1851. V. *id.*, no 102.

Les questions ne peuvent être posées d'une manière alternative, à moins que chaque alternative ne constitue le crime qui fait l'objet de l'accusation et ne réunisse les caractères de criminalité nécessaires pour servir de base à une condamnation. — Cass. 6 déc. 1850 (Neffzer). V. *id.*, nos 139 et suiv.

Mais le président peut poser des questions subsidiaires. — Cass. 9 mars 1843 (Bayssé). V. *id.*, no 153.

Il peut poser, comme résultant des débats, des questions non-seulement sur des circonstances aggravantes du fait principal, mais encore sur tous autres faits, lorsqu'ils ne sont qu'une modification de ce fait principal, lorsqu'ils en sont une dépendance ou la reproduction avec un autre caractère pénal. — Cass. 8 janv. 1852 (Lacroix). V. sous l'art. 338 C. i. cr., nos 54 et suiv.

Les faits constitutifs des délits renvoyés aux cours d'assises doivent, comme ceux qui constituent les crimes auxquels ils sont connexes, être soumis aux jurés. — Cass. 21 mars 1850 (Jouveaux). V. *id.*, no 89.

Il importe autant que possible d'énoncer l'époque à laquelle le crime a été commis. La formule qu'il a été commis depuis moins de dix ans, si les circonstances aggravantes étaient écartées, laisserait dans le doute si le fait, ainsi réduit à un simple délit, a été commis depuis moins de trois ans et s'il est prescrit. — Cass. 19 mars 1846 (Jacquet). V. sous l'art. 337 C. i. cr., no 46.

Mais il n'est pas nécessaire d'indiquer le jour et l'heure du crime;

Ni le lieu où il a été commis. — Cass. 22 mai 1862 (Girand);

Ni les noms des personnes lésées. — Cass. 6 juin 1845 (Affenser). V. *id.*, no 48.

Ces énonciations qui spécifient le fait peuvent cependant avoir quelquefois leur utilité, et elles sont d'usage à Paris.

Les faits d'excuses légales doivent faire l'objet de questions distinctes. — V. sous l'art. 339 C. i. cr., no 10.

Il doit être posé autant de questions d'excuse qu'il y a de chefs d'accusation. — Cass. 29 mars 1857 (Planchon). V. *id.*, no 11. — Et d'accusés

Les questions sont signées par le président seul. — Cass. 10 mai 1843 (Jenny).

Elles n'ont pas besoin d'être datées. — Cass. 12 mai 1854 (Varget).

V. sur la manière de poser les questions les notes sous l'art. 337 C. i. cr. des Codes crim.

Sur les questions résultant des débats, v. les notes sous l'art. 338, *id.*

Sur les questions d'excuse, v. les notes sous l'article 339, *id.*

Art. 2. Tentative.

Fait principal :

X... est-il coupable d'avoir, le ..., à ..., commis une tentative de ... (*spécifier le crime avec ses circonstances constitutives*), laquelle tentative, manifestée par un commencement d'exécution, a été suspendue ou a manqué son effet seulement par des circonstances indépendantes de la volonté de X...?

Circonstances aggravantes :

Ladite tentative de vol a-t-elle été commise : 1° dans une maison habitée?

2° Conjointement avec un ou plusieurs autres individus?

Etc., etc.

Nota. Les circonstances qui caractérisent la tentative doivent être posées simultanément dans une seule question. — Cass. 8 sept. 1853 (Normand).

Cependant on peut n'indiquer qu'une seule de ces alternatives : *si elle n'a été suspendue... ou si elle n'a manqué son effet que...* — Cass. 28 août 1845 (Beauchêne). V. sous l'art. 2 C. pén., n° 22 et suiv.

La tentative, n'étant qu'une modification du fait principal, peut faire l'objet d'une question subsidiaire, lorsqu'elle résulte des débats. — Cass. 25 janv. 1849 (Moretti), 31 mai 1866 (Leroux). V. sous l'art. 338 C. i. cr., n° 80.

Art. 56. Récidive.

C'est à la cour d'assises, et non au jury, qu'il appartient de déclarer l'état de récidive. — V. sous l'art. 56 C. pén., n° 28.

Art. 60. Complicité.

X... est-il coupable d'avoir, le ... : 1° provoqué à l'action ci-dessus qualifiée par dons, promesses...?

2° Procuré des armes, des instruments ou tout autre moyen ayant servi à ladite action, sachant qu'ils devaient y servir?

3° Aidé ou assisté avec connaissance N..., l'auteur de ladite action dans les faits qui l'ont préparée ou facilitée, ou dans ceux qui l'ont consommée?

Nota. Les divers caractères constitutifs de la complicité compris dans l'article 60 peuvent être réunis dans une seule question d'une manière alternative. Il n'est pas nécessaire de spécifier ceux dont l'accusé se serait rendu particulièrement coupable. — Cass. 19 avril 1860 (Lemoing). V. sous l'art. 60 C. pén., n° 22.

Mais la question ne peut comprendre à la fois d'une manière alternative les faits de complicité énumérés dans l'article 60 et la complicité par recélé. La question sur le recélé doit être distincte. — Cass. 15 sept. 1864 (Picard). V. *id.*

L'énonciation des circonstances constitutives de la complicité est inutile lorsque la déclaration de complicité se rapporte à la coopération comme coauteur et non aux faits extrinsèques au crime, tendant à le provoquer ou à le faciliter. — Cass. 28 avril 1864 (Wood). V. *id.*, n° 26.

Lorsque les circonstances constitutives et aggravantes d'un crime ont été posées dans des questions relatives à l'auteur principal, il n'est pas nécessaire qu'elles soient reproduites dans la question relative au complice ou au coauteur; une question unique pour ceux-ci suffit. Elle se réfère nécessairement aux premières. — Cass. 13 nov. 1832 (Poncelet). V. sous l'art. 337 C. i. cr., n° 91 et suiv. — Malgré les réponses négatives faites sur celles-ci. — Cass. 19 janv. 1852 (Fourneau), 9 janv. 1847 (Rolland). V. sous les art. 345 C. i. cr., n° 51, et 59 C. pén., n° 70.

Mais, en l'absence de questions sur l'auteur principal, les questions posées à l'égard des complices doivent, à peine de nullité, renfermer tout à la fois les éléments constitutifs du crime, ses circonstances aggravantes et les éléments de la complicité. — Cass. 1er mars 1866 (Chamon). V. sous l'art. 337 C. i. cr., n° 161 et suiv.

On doit alors poser ainsi la question :

N... est-il coupable d'avoir, le ..., aidé ou assisté avec connaissance l'auteur d'une soustraction frauduleuse de *tel* objet, commise le ..., au préjudice de ..., dans les faits qui l'ont préparée ou facilitée, ou dans ceux qui l'ont consommée?

On pose ensuite des questions distinctes sur les circonstances aggravantes du crime principal.

On peut aussi poser d'abord une question sur les caractères du crime principal : *Tel fait* (le spécifier) *a-t-il été commis le ...? a-t-il été commis avec telles circonstances?* et poser ensuite la question de complicité se rattachant au fait ainsi qualifié et circonstancié.

Si l'accusé absent a une qualité qui est un des éléments caractéristiques ou une circonstance aggravante du crime, le jury ne peut être interrogé sur la culpabilité de cette personne, mais il peut l'être sur la question de savoir si elle est l'auteur du fait criminel. — Cass. 1er mars 1866 (Chamon). *R. cr.*

De même, lorsque l'auteur principal a été acquitté, il est nécessaire, à l'égard du complice, que le jury déclare l'existence du fait principal et de ses circonstances. — Cass. 10 juillet 1851 (Lebohinner). V. sous l'art. 59 C. pén., n° 65 et suiv.

Dans le cas où l'auteur principal a été acquitté par un arrêt antérieur, comme dans le cas où il serait décédé, la question peut être ainsi posée :

Y a-t-il eu par N..., commerçant failli, détournement d'une partie de son actif au préjudice de ses créanciers?

Y a-t-il eu, à la même époque, par ledit N..., commerçant failli, soustraction de ses livres de commerce?

S... est-il coupable d'avoir avec connaissance aidé ou assisté N..., commerçant failli, dans les faits qui ont préparé ... les détournements et soustractions ci-dessus énoncés?

On ne peut comprendre dans la même question la complicité de plusieurs crimes. — Cass. 9 juin 1866 (Leroy). V. sous l'art. 337 C. i. cr., n° 209.

Ni le fait relatif à la culpabilité de l'accusé comme

auteur principal et celui relatif à sa complicité du même fait. — Cass. 7 avril 1865 (Roblet).

Le jury ne doit pas être interrogé sur la question de savoir si le complice par aide et assistance, avait connaissance des circonstances aggravantes. — Cass. 5 janv. 1854 (Gamelier). V. sous l'art. 59 C. pén., n° 97.

La provocation par des *artifices* serait insuffisante; il faut ajouter que les artifices étaient *coupables*, mais le mot *machination* suffit. — Cass. 27 oct. 1815 (Heiligenstein), 19 oct. 1832 (Épinal). V. sous l'art. 60 C. pén., n°s 39, 40.

Il n'est pas nécessaire d'exprimer que les instructions données pour commettre le crime l'ont été *frauduleusement* ni que l'accusé les a données sachant qu'elles devaient servir à commettre le crime. — Cass. 21 août 1843 (Mengry), 19 juin 1857 (Razergue). V. *id.*, n°s 55, 56.

Il n'est pas nécessaire de spécifier en quoi ont consisté l'aide et l'assistance. — Cass. 11 mai 1859 (Mayer). V. *id.*, n° 63.

Mais la question doit énoncer que l'accusé a aidé ou assisté *avec connaissance*, à peine de nullité; cependant ces mots pourraient être remplacés par des équivalents. — Cass. 23 nov. 1848 (Bisserier), 14 oct. 1847 (Martin). V. *id.*, n°s 66, 67. — Il est toujours préférable de se servir des termes de la loi.

Questions résultant des débats. La complicité, n'étant qu'une modification du fait principal, peut être posée au jury subsidiairement lorsqu'elle résulte des débats. — Cass. 27 janv. 1865 (Parry). V. sous l'art. 338 C. i. cr., n° 81.

De même, dans une accusation de complicité de vol, le fait de culpabilité comme coauteur peut être l'objet d'une question, s'il résulte des débats. — Cass. 19 juin 1820 (Texier). V. *id.*, n° 83.

Dans une accusation de complicité par aide et assistance, le président peut poser au jury la question de complicité par provocation. — Cass. 4 juin 1840 (Sainte-Lucie). V. *id.*, n° 84.

Dans une accusation de complicité pour avoir facilité l'exécution d'un crime, le président peut poser, comme résultant des débats, la question de savoir si l'accusé avait procuré les instruments pour commettre le crime. — Cass. 2 mars 1827 (Tap). V. *id.*, n° 85.

Art. 62. RECEL.

N... est-il coupable d'avoir, le ..., recélé tout ou partie des objets provenant du vol ou du détournement ci-dessus spécifié, sachant qu'ils provenaient de vol ou de détournement?

Nota. Si l'auteur principal n'est pas en cause, la question doit énoncer toutes les circonstances constitutives du fait principal, et des questions distinctes doivent être posées sur les circonstances aggravantes, comme il a été dit ci-dessus pour la complicité.

Il n'y a lieu de poser qu'une seule question, à l'égard du complice par recélé, lorsque ce recélé se rapporte à une seule série de vols commis par deux coaccusés conjointement, ne formant qu'un même et semblable fait ou au moins un seul ensemble de faits. — Cass. 6 mai 1864 (Grain).

Le jury ne doit pas être interrogé sur la question de savoir si le recéleur a eu connaissance des circonstances aggravantes du crime. — Cass. 8 mars 1866 (Chavot).

Art. 63. RECEL AVEC CONNAISSANCE.

L'accusé avait-il connaissance, au temps du recélé, que l'homicide ci-dessus a été commis: 1° avec la circonstance de ...; 2° avec la circonstance de ... (*spécifier ces circonstances dans des questions distinctes*).

Nota. Cette question doit se poser d'une manière distincte, la circonstance étant aggravante.

Elle peut être posée comme résultant des débats, si elle ne résulte pas de l'arrêt de renvoi. — Cass. 12 oct. 1849 (Senac).

Art. 64. DÉMENCE.

La question de démence est comprise dans celle de culpabilité posée au jury. — V. sous l'art. 64 C. pén., n° 13.

Art. 66, 67, 68. DISCERNEMENT.

L'accusé était-il, à l'époque où l'action ci-dessus spécifiée a été commise, âgé de moins de seize ans?

A-t-il agi avec discernement?

Nota. La question de savoir si l'accusé était âgé de moins de seize ans doit être décidée par le jury. — Cass. 30 sept. 1850 (Peyssol), lorsqu'il existe un débat contentieux à cet égard. — Cass. 26 sept. 1846 (Sirato), et qu'en l'absence d'un extrait des registres de l'état civil, il y a incertitude. — Cass. 4 mai 1839 (Hays). V. sous l'art. 340 C. i. cr., n° 3.

On doit en outre poser d'une manière distincte sur chaque chef d'accusation la question de savoir si l'accusé a agi avec discernement. — Cass. 9 fév. 1854 (Tessier). V. *id.*, n° 7.

Art. 86. ATTENTATS CONTRE L'EMPEREUR ET SA FAMILLE.

N... est-il coupable d'avoir, le ...? (V. le formulaire de la chambre d'accusation.)

Art. 89, 90, 91 et suiv. COMPLOTS. ATTENTATS TENDANT A LA GUERRE CIVILE.

V. le formulaire de la ch. d'accusation.

Art. 109 et suiv. CRIMES ET DÉLITS RELATIFS A L'EXERCICE DES DROITS CIVIQUES.

V. le formulaire de la ch. d'accusation.

Art. 114 et suiv. ATTENTATS A LA LIBERTÉ.

V. le formulaire de la ch. d'accusation.

Art. 132 et suiv. FAUSSE MONNAIE.

N... est-il coupable d'avoir, le ..., contrefait des monnaies d'or *ou* d'argent ayant cours légal en France?

Ou bien : N... est-il coupable d'avoir, le ..., altéré des monnaies d'or ...?

Ou bien : N... est-il coupable d'avoir, le ..., participé à l'émission ou exposition de monnaies d'or *ou* d'argent ayant cours légal en France, lesdites monnaies contrefaites?

Ou bien : à l'introduction en France de monnaies d'or *ou* d'argent ayant cours légal en France, lesdites monnaies contrefaites?

Nota. Contrefaçon. Le jury doit être consulté, à peine de nullité, sur le point de savoir si les pièces contrefaites ont cours de monnaie en France ou dans les colonies. — Cass. 4 sept. 1862 (Seguin).

V. sous l'art. 132 C. pén., n° 7. — C'est au jury et non à la cour qu'il appartient de décider cette question. — Cass. 11 janv. 1850 (Isnard). V. *id.*, n° 9.

Il ne suffit pas que la monnaie contrefaite soit désignée comme étant une pièce de deux ou de cinq francs. — Cass. 30 août 1844 (Mathon). *B. cr.*

Il n'est pas nécessaire que la question posée au jury mentionne ni la valeur des pièces d'argent contrefaites ni le millésime et le type. — Cass. 11 janv. 1850 (Isnard). V. *id.*, n° 18.

Altération. On peut poser au jury une question alternative sur la contrefaçon ou l'altération, encore bien que l'arrêt de renvoi ne contienne que l'une de ces qualifications. — Cass. 18 août 1844. V. *id.*, n° 25.

Émission. Il n'est pas nécessaire que dans la question on demande si l'émission a eu lieu sciemment. La connaissance de la fausseté des pièces résulte virtuellement du sens légal du mot *émission*. — Cass. 20 avril 1860 (Goyffon). *B. cr.* V. *id.*, n° 28.

Il n'est pas non plus nécessaire de réunir au fait de l'émission la circonstance que l'auteur n'aurait pas reçu pour bonnes les pièces fausses. Cette circonstance ne peut donner lieu à une question spéciale; elle se trouve confondue dans la question principale sur la culpabilité. — Cass. 20 avril 1860 (Goyffon), 28 juill. 1864 (Perrin). *B. cr.*

Mais le cas du 2e § de l'article 135 constitue un fait d'excuse légale qui doit faire l'objet d'une question spéciale si l'accusé le demande. — Cass. 28 juill. 1864 (Perrin) *B. cr.* V. sous l'art. 132 C. pén., n° 31.

Questions résultant des débats. Dans une accusation de contrefaçon de monnaie, le président peut poser, si elle résulte des débats, la question d'émission de pièces avec la connaissance de leur contrefaçon. — Cass. 19 avril 1832 (Bonnet); ou la question sur l'altération de monnaie. — Cass. 18 avril 1861 (Fontanille). *B. cr.* V. sous l'art. 338 C. i. cr., n° 71.

Mais dans une question de contrefaçon de monnaie d'argent, il ne peut poser subsidiairement la question de contrefaçon de monnaie de billon comme résultant des débats. — Cass. 9 sept. 1830 (Merleau); ni une question sur un délit d'escroquerie. — Cass. 7 mai 1851 (Amans). V. *id.*, n° 104.

Art. 133. Fausse monnaie étrangère.

N..., est-il coupable d'avoir, le ..., contrefait *ou* altéré en France une monnaie étrangère ayant cours légal *en tel* pays?

Par exemple : deux billets faux du trésor royal de Prusse de cinq thalers chacun ayant cours légal dans ce pays?

Est-il coupable d'avoir, le ..., participé à l'émission, exposition ... *ou* à l'introduction en France de monnaies étrangères contrefaites *ou* altérées du royaume de ... ayant cours légal dans ce pays?

Par exemple : de deux billets faux du trésor royal de Prusse ayant cours légal dans ce pays?

Art. 135. Fausse monnaie. Excuse.

N..., a-t-il fait usage, après en avoir vérifié ou fait vérifier les vices, desdites pièces fausses qu'il avait reçues pour bonnes?

Nota. Cette question doit être posée si l'accusé le demande. — V. notes sous l'art. 339 C. i. cr.

La déclaration affirmative du jury sur la participation à l'émission de pièces d'argent contrefaites n'emporte pas nécessairement la solution négative de la question d'excuse ci-dessus. Le jury ne peut donc se dispenser d'y répondre. — Cass. 26 mars 1846 (Bauer); mais la réponse affirmative du jury sur la question d'émission faite sciemment emporte la solution négative de la circonstance prévue par le 1er § de cet article. — Cass. 20 avril 1860 (Goyffon). *B. cr.* V. sous l'art. 135 C. pén., n° 4.

Art. 138. Fausse monnaie. Révélateurs.

N..., avant la consommation du crime et avant toutes poursuites, en a-t-il donné connaissance et en a-t-il révélé les auteurs aux autorités constituées?

Ou bien : N... a-t-il, après les poursuites commencées, procuré l'arrestation des autres coupables?

Nota. Le fait prévu par l'article 138 constitue une excuse légale qui doit être l'objet d'une question au jury lorsqu'elle est proposée par l'accusé. — Cass. 28 juin 1839 (Canal). *B. cr.* 24 sept. 1837 (Caillat). V. sous l'art. 339 C. i. cr., n° 50, et sous l'art. 138 C. pén., n° 3.

Art. 139. Contrefaçon des sceaux de l'État, effets publics, billets de banque.

N... est-il coupable d'avoir, le ..., contrefait le sceau de l'État?

..., d'avoir, le ..., fait usage du sceau de l'État contrefait, sachant qu'il était contrefait? (V. les autres formules sous l'art. 139 du formulaire de la chambre d'accusation.)

Nota. La question posée au jury doit énoncer que l'usage de la pièce fausse a été fait sciemment. V. sous l'art. 139 C. pén., n° 4.

Art. 140. Faux timbres, marteaux, poinçons.

N... est-il coupable d'avoir, en ...? (V. les formules de la chambre d'accusation.)

Art. 141. Application des vrais timbres.

N... est-il coupable d'avoir, en ...? (V. les formules de la chambre d'accusation.)

Art. 142. Contrefaçon des marques du gouvernement et des sceaux, timbres des autorités.

N... est-il coupable d'avoir, en ...? (V. les formules de la chambre d'accusation.)

Art. 143. Application préjudiciable des vrais sceaux, timbres.

N... est-il coupable d'avoir, en ...? (V. les formules de la chambre d'accusation.)

Art. 145. Faux commis par des fonctionnaires par altération matérielle.

N... est-il coupable d'avoir, en ..., dans l'exercice de ses fonctions de ... (*spécifier la fonction*) et en rédigeant un acte de son ministère *ou* de sa fonction, fabriqué *tel* acte (*in-*

diquer l'acte)? (V. les formules de la chambre d'accusation.)

Nota. L'article 145 C. pén. n'exige pas qu'il soit demandé au jury si l'accusé a agi sciemment et frauduleusement. Cette circonstance se trouve toujours virtuellement et implicitement comprise dans la question de savoir si l'accusé est coupable de cette espèce de faux. — Cass. 13 oct. 1842 (Couret). V. sous l'art. 145 C. p., n° 2.

De même le préjudice n'a pas besoin d'être explicitement relaté dans les questions posées. — Cass. 22 sept. 1859 (Baudy). V. *id.*, n°s 6 et suiv.

Mais la question doit énoncer que l'acte faux a été fabriqué par un officier public, soit par suite de ses fonctions, soit dans un acte de son ministère. — Cass. 5 oct. 1843 (Jamin). V. *id.*, n° 9.

La qualité d'officier public étant non une circonstance aggravante, mais un élément constitutif du crime de faux prévu par l'article 145 C. pén., il n'y a pas lieu d'en faire l'objet d'une question distincte du fait principal. — Cass. 28 nov. 1844 (Daubons). V. *id.*, n° 10. — Il en est de même de la circonstance qu'il a agi dans l'exercice de ses fonctions. — Cass. 13 oct. 1842 (Couret).

Si la circonstance que la falsification ou l'intercalation a eu lieu après la confection ou la clôture de l'acte n'est pas énoncée, il faut au moins qu'elle ressorte de l'ensemble des questions. — Cass. 15 fév. 1844 (Vidal). V. *id.*, n° 36.

C'est à la cour d'assises et non au jury à décider si le faux a été commis en écriture authentique et publique. V. les notes sous la formule, art. 157 C. pén.

Art. 146. Faux commis par des fonctionnaires par altération intellectuelle.

N... est-il coupable d'avoir, le..., dans l'exercice de ses fonctions de ... (*spécifier sa fonction*) et en rédigeant un acte de son ministère ou de sa fonction, contenant ... (*spécifier*) constaté, contrairement à la vérité, que ..., dénaturant ainsi frauduleusement la substance *ou* les circonstances de cet acte et constatant comme vrais des faits faux ...? (V. les formules de la chambre d'accusation.)

Nota. La circonstance que l'accusé a agi frauduleusement peut résulter suffisamment de la nature de l'incrimination. — V. sous l'art. 146 C. p., n°s 7, 20.

Lorsqu'il s'agit d'une intercalation de feuillets dans un acte à la place d'autres feuillets supprimés par l'accusé, la question doit énoncer si cette intercalation a eu lieu depuis la clôture de l'acte, fait prévu par l'article 145 C. pén., ou avant cette clôture, ou dans le cours de la rédaction dudit acte, fait prévu par l'article 146. — Cass. 10 nov. 1843 (Lebon).

Dans ce cas, la question doit énoncer que l'accusé a agi *frauduleusement*. — Même arrêt.

V. les observations sous la formule précédente, art. 145.

Art. 147. Faux en écriture authentique ou de commerce.

N... est-il coupable d'avoir, le ..., fabriqué ou fait fabriquer *tel acte* (*spécifier*) et apposé ou fait apposer au bas dudit acte la fausse signature ... (*indiquer la qualité de fonctionnaire public ou de commerçant du prétendu signataire*)? (V. les formules de la chambre d'accusation.)

Nota. Nous ne pourrons ici donner des formules pour toutes les variétés du faux; nous avons indiqué un grand nombre d'espèces dans le formulaire de la chambre d'accusation sous l'art. 147. Nous ne pouvons qu'y renvoyer.

Les jurés ne peuvent être interrogés sur la nature de l'écrit. La cour ne peut leur demander si l'accusé est coupable d'un faux en écriture authentique, en écriture de commerce ou en écriture privée; mais elle doit leur poser les circonstances matérielles qui caractérisent ce crime. — Cass. 1er avril 1826 (Lebihan), 17 juin 1841 (Regnault). V. sous l'art. 147 C. p., n°s 226 et suiv., 322 et suiv.

Ainsi, la question doit énoncer : si le faux a été commis dans un acte des fonctions de l'officier public. — Cass. 24 avril 1851 (Jasseau). V. *id.*, n° 229.

Si les effets fabriqués sont faussement souscrits de la signature de négociants ou s'ils ont pour cause des opérations de commerce. — Cass. 25 janv. 1861 (Chadrel). V. *id.*, n° 323.

Si les registres falsifiés étaient ceux d'un commerçant. — Cass. 27 juill. 1849 (Pauly). V. *id.* Quoique l'arrêt de renvoi n'ait pas mentionné cette circonstance. — Cass. 28 déc. 1837 (Texier).

Si tel achat de marchandises a été fait pour les revendre. — V. *id.*, n° 324.

Elle doit relever le caractère commercial d'un marché. — Cass. 16 juin 1865 (Maurel). *B. cr.*

Il ne suffirait pas qu'elle énonçât qu'un effet a été mis dans le commerce. — Cass. 13 déc. 1832 (Biret). V. *id.*, n° 325.

C'est à la cour qu'il appartient exclusivement de qualifier le caractère légal de la pièce fausse et de décider en droit si elle constitue une écriture publique, ou de commerce, ou privée. — V. sous l'art. 147, n°s 225 et suiv., 322 et suiv. Si un effet fabriqué constitue ou non une écriture de commerce. — Cass. 1er oct. 1846 (Cessel). V. *id.*, n° 327.

Elle ne peut décider, contrairement à la déclaration du jury, que le signataire apparent d'un billet n'est pas commerçant. — Cass. 14 oct. 1831 (Talobbe). V. *id.*, n° 330.

Les circonstances qui caractérisent l'authenticité ou la commercialité de l'écriture étant les éléments du faux en écriture authentique ou en écriture de commerce, et non des circonstances aggravantes d'un crime de faux, doivent être réunies à la question principale et ne peuvent faire l'objet de questions distinctes. — Cass. 26 sept. 1846 (Catarrne), 24 janv. 1856 (Maurin). V. *id.*, n°s 240, 338.

Cependant, lorsque le fait principal de faux et la circonstance qui caractérise l'authenticité ou la commercialité peuvent se détacher l'un de l'autre, il nous paraît préférable de poser des questions distinctes, surtout s'il peut y avoir doute sur la circonstance. — Cass. 16 avril 1835 (Caudillon), 10 mai 1849 (Laporte). Hélie, *Instr. crim.*, t. 9, p. 98.

On doit réunir dans la même question les trois éléments indivisibles du crime, savoir : la fabrication matérielle de l'acte, l'intention coupable et le préjudice en résultant. — Cass. 14 sept. 1865 (Jouan).

On doit énoncer les circonstances qui, d'après l'arrêt de renvoi, établissent que le faux était de nature à porter préjudice à autrui. — Cass. 24 avril 1851 (Jasseau). V. sous l'art. 147 C. p., n°s 229 et suiv.

Il n'y a pas lieu de poser la circonstance du préjudice lorsque l'accusation porte sur la falsification d'un acte qui, par sa nature même, doit ou peut occasionner un préjudice à autrui. — Cass. 14 sept. 1865 (Jouan). *B. cr.*

Les questions posées au jury doivent le mettre à même de déclarer si le faux a été commis de l'une des manières indiquées soit par l'article 145, soit par l'un des articles suivants. Ainsi, lorsqu'il s'agit d'un faux en écriture authentique et publique ou en écriture de commerce ou de banque, on doit demander au jury s'il a été commis soit par contrefaçon ou altération d'écriture, soit par fabrication de conventions ou leur insertion après coup... Il ne doit pas être appelé seulement à répondre si la pièce est fausse. — Cass. 12 avril 1849 (Fillonneau). V. *id.*, n° 246.

Elles peuvent, par forme d'énonciation, attribuer au fait incriminé la qualification de faux par supposition de personne. — Cass. 28 nov. 1844 (Daubina). V. *id.*, n° 247.

On peut demander au jury si la falsification imputée à l'accusé avait pour objet d'opérer obligation. Il ne s'agit là que d'une question de fait. — Cass. 26 août 1858 (Letellier). V. *id.*, n° 234.

Si la signature apposée au bas d'un écrit est fausse. — Cass. 3 avril 1847 (Sauvert). V. *id.*, n° 237.

Il n'est pas nécessaire que le mot *faux* soit énoncé dans la question si elle contient les circonstances matérielles du faux. — Cass. 3 mars 1837 (Mahon). V. *id.*, n° 238.

On ne peut scinder l'accusation en posant deux questions, l'une sur la fabrication de l'acte, l'autre sur la fabrication de la signature. — Cass. 7 juill. 1827 (Bel). V. *id.*, n°s 242, 360.

La question peut, sans qu'il y ait complexité, présenter l'alternative : si l'accusé a fabriqué ou fait fabriquer la pièce fausse. — Cass. 26 juin 1852 (Chantreau). V. *id.*, n° 250.

Mais elle ne peut s'appliquer collectivement à plusieurs pièces fausses. — Cass. 6 août 1857 (Bruzaud).

Ainsi, elle ne peut comprendre à la fois la fabrication d'un billet et de ses endossements. — Cass. 13 sept. 1866 (Amand).

Elle peut, sans complexité, présenter et réunir comme les éléments d'un seul et même crime les signatures fabriquées et apposées au bas d'un acte, par exemple, d'une pétition. — Cass. 2 janv. 1851 (Giry).

L'altération d'écritures portant sur plusieurs créances ou obligations distinctes peut faire l'objet d'une question unique au jury, lorsque ces créances ou obligations ne sont que les éléments d'un seul et même crime, celui de falsification d'un arrêté de compte souscrit entre les parties. — Cass. 21 janv. 1856 (Maurin). V. sous l'art. 147 C. p., n° 245.

Questions résultant des débats. Dans une accusation de fabrication de pièces fausses, on peut poser comme résultant des débats une question sur l'usage fait sciemment de ces pièces. — Cass. 9 juillet 1835 (Seyty). V. art. 338 C. i. cr., n° 70.

Mais on ne peut, dans une accusation de fabrication d'un billet contenant obligation, poser subsidiairement au jury une question de faux portant sur un billet à ordre, à moins de constater l'identité des deux billets. — Cass. 16 juill. 1851 (Coynel). V. art. 338 C. i. cr., n° 101.

Ni poser à l'égard d'un accusé une question d'usage d'une pièce dont la fabrication est imputée à un autre. — Cass. 9 juill. 1835 (Seyty). V. *id.*, n° 102.

Ni une question d'escroquerie. — Cass. 1er fév. 1844 (Briquet). *Id.*, n° 103.

Art. 148. Usage de pièces fausses.

N... est-il coupable d'avoir, le ..., fait usage de ladite pièce fausse, sachant qu'elle était fausse?

Ou, si la pièce n'a pas encore été énoncée :
..., d'avoir, le ..., fait usage de *telle* pièce fausse *(la décrire) : par exemple*, d'un billet faux de la somme de ..., à l'ordre de ..., daté du ..., au bas duquel est apposée la fausse signature X..., lequel est commerçant, sachant qu'il était faux?

Lorsqu'il y a un grand nombre de pièces fausses, pour abréger, on met :

Est-il coupable d'avoir, le ..., fait usage, sachant qu'elle était fausse, de la pièce fausse spécifiée ci-dessus sous le n° 1? sous le n° 2? sous le n° 3, etc.?

Note. Il doit être posé une question d'usage pour chaque pièce fausse dont l'usage a été incriminé; on ne peut comprendre dans une seule question l'usage de plusieurs pièces fausses. — Cass. 13 sept. 1866 (Amand).

La circonstance que l'usage a eu lieu sciemment doit être posée au jury à peine de nullité. — Cass. 27 fév. 1845 (Favrais).

Il est inutile d'énoncer en quoi l'usage a consisté. — Cass. 10 juill. 1828 (Garcet). V. sous l'art. 148 C. p., n° 17.

Ni de spécifier les circonstances qui sont de nature à constituer l'usage des pièces fausses. — Cass. 13 mars 1853 (Savina). V. *id.*, n° 18.

Ni d'indiquer que l'usage était de nature à nuire à autrui. — Cass. 23 janv. 1845 (Carnecl). V. *id.*, n° 16.

Le jury doit être interrogé distinctement sur chacun des faits d'usage d'une pièce fausse accomplis à des jours différents et chez différentes personnes. — Cass. 30 mars 1839 (d'Henard). V. *id.*, n° 23.

La question d'usage d'une pièce fausse ne peut servir de base à une condamnation que si elle relate les circonstances constitutives du crime de fabrication de ladite pièce, à moins que ces circonstances n'y soient implicitement comprises par la relation de cette question avec les questions antérieures sur le fait du faux, encore que celles-ci aient été résolues négativement. — Cass. 19 fév. 1837 (Delamay). V. *id.*, n° 7.

Art. 150. Faux en écriture privée.

N... est-il coupable d'avoir, le ..., fabriqué ou fait fabriquer ...? (V. la formule ci-dessus, art. 147.)

Note. Il n'y a pas lieu de demander au jury si le faux a été commis en écriture privée. V. *suprà* les notes sous la formule de l'art. 147.

Le jury doit être interrogé sur le préjudice causé lorsque ce préjudice ne résulte pas nécessairement de la pièce; par exemple, s'il s'agit d'une lettre missive, on doit demander si cette lettre avait pour objet d'obtenir une somme d'argent. — Cass. 3 janv. 1846 (Colat). V. sous l'art. 150 C. pén., n° 30.

Le préjudice ne ressort pas d'une question ainsi posée : N..., est-il coupable d'avoir, dans une déclaration sur papier libre et signée D..., et portant la date du..., commis un faux par altération de clause, de déclarations ou de faits que ladite déclaration avait pour objet de recevoir ou de constater? — Cass. 30 mai 1850 (Gardey).

Art. 151. Usage du faux.

V. la formule, art. 148, et les notes.

Art. 162. Faux certificats.

N... est-il coupable d'avoir, le ..., fabriqué ou fait fabriquer à la date du ...? (V. les formules de la chambre d'accusation.)

Nota. Le jury doit être appelé à s'expliquer sur la lésion que les certificats ont pu produire. — Cass. 8 sept. 1826 (Aussant) et sur la qualité d'officier public en laquelle l'accusé a fabriqué le certificat. — Cass. 5 oct. 1838 (Chazaud). V. sous l'art. 162 C. pén., n° 45.

S'il n'est pas nécessaire qu'il soit spécialement interrogé sur le préjudice causé ou pouvant être causé par les faux certificats, c'est à la condition que la possibilité de ce préjudice ressortira des circonstances de fait ou de la nature même des actes énumérés dans les questions. Cette possibilité résulte de la question d'usage desdites pièces dans un procès civil. — Cass. 3 janv. 1837 (Lymonet). V. *id.*, n° 47.

Il ne suffit pas qu'il soit demandé au jury si un faux a été commis dans un certificat ; il doit être appelé à déclarer si le certificat dont il s'agit a été fabriqué ou si les signatures surprises ont eu pour objet l'attestation de faits altérés ou supposés. — Cass. 3 déc. 1847 (Delbos). V. *id.*, n° 46.

V. *suprà* les notes sous la formule de l'art. 147.

Art. 169 et suiv. SOUSTRACTIONS PAR DES COMPTABLES PUBLICS.

Fait principal :

X... est-il coupable d'avoir, le ..., étant ... *(indiquer la fonction)*, détourné ou soustrait des deniers *ou tel* effet appartenant à..., lesquels étaient entre ses mains en vertu de ses fonctions ?

Circonstances :

La chose détournée *ou* soustraite est-elle d'une valeur au-dessus de trois mille francs ?

Ou : égale-t-elle ou excède-t-elle le tiers des deniers reçus par l'accusé *ou* des deniers déposés entre ses mains ?

Ou : égale-t-elle *ou* excède-t-elle le tiers du cautionnement attaché à la place, etc. ?

Ou : égale-t-elle ou excède-t-elle le tiers du produit commun de la recette que faisait l'accusé pendant un mois ? (V. les formules de la chambre d'accusation.)

Nota. La circonstance que le prévenu était fonctionnaire et que les deniers détournés étaient entre ses mains en vertu de ses fonctions est constitutive du crime et doit être comprise dans la question principale. — Cass. 13 juin 1864 (Peltey). V. *id.*, n° 32.

Mais la circonstance que ces deniers étaient d'une valeur au-dessus de trois mille francs est aggravante et doit faire l'objet d'une question spéciale. V. *id.*

Il suffit que le jury déclare que le détournement était d'une valeur supérieure à trois mille francs, sans préciser le *quantum* de cette valeur. — Cass. 17 avril 1847 (Langaudos), 19 juin 1863 (Chaspoul). V. *id.*, n° 30.

Les expressions : *en vertu de ses fonctions*, ne sont pas sacramentelles ; elles peuvent être remplacées par des termes équivalents, par exemple, par celles-ci : *en sa qualité d'agent comptable.* — Cass. 19 juin 1863 (Chaspoul).

Art. 173. SOUSTRACTION PAR DES FONCTIONNAIRES PUBLICS.

X... est-il coupable d'avoir, le ..., étant ... *(indiquer la qualité)*, et en cette qualité agent du gouvernement, détruit, supprimé, soustrait ou détourné ... *(indiquer l'acte ou le titre)*, dont il était dépositaire en cette qualité *ou* lequel lui avait été remis ou communiqué à raison de ses fonctions ? (V. formules de la chambre d'accusation.)

Nota. C'est au jury qu'il appartient de décider si l'accusé était agent d'une administration publique en sa qualité d'employé à tel service. — Cass. 29 sept. 1853 (Doutre). V. sous l'art. 173 C. pén., n° 11.

On ne peut poser comme résultant des débats une question sur un fait de concussion. — Cass. 16 sept. 1819 (Peyredie). V. sous l'art. 338 C. i. cr., n° 107.

Art. 174. CONCUSSION.

Fait principal :

X... est-il coupable d'avoir, le ..., dans l'exercice de ses fonctions de ..., ordonné de percevoir, exigé *ou* reçu de X... des sommes qu'il savait n'être pas dues *ou* excéder ce qui était dû pour droits... ?

Circonstance :

La totalité des sommes indûment exigées *ou* reçues *ou* dont la perception a été ordonnée a-t-elle été supérieure à trois cents francs ? (V. les formules de la chambre d'accusation.)

Nota. Il n'appartient pas au jury de qualifier de concussion le fait dont l'appréciation lui est soumise ; il suffit que la question spécifie les circonstances constitutives de ce crime. — Cass. 7 avril 1842 (Michel). V. sous l'art. 174 C. pén., n° 31.

La circonstance que le fonctionnaire savait que les droits par lui exigés excédaient ceux qui lui étaient dus doit être soumise au jury, quoiqu'elle ne soit pas énoncée explicitement dans l'arrêt de renvoi. — Cass. 15 mars 1821 (Gallet). V. *id.*, n° 32.

Art. 177. CORRUPTION DES FONCTIONNAIRES.

X... est-il coupable d'avoir, le ..., étant ... *(désigner la fonction)*, agréé des offres *ou* promesses *ou* reçu des dons ou présents ... pour faire *tel acte* de son emploi *ou* de sa fonction, non sujet à salaire, *ou* pour s'abstenir de faire *tel acte* qui entrait dans l'ordre de ses devoirs ? (V. les formules de la chambre d'accusation.)

Nota. On peut demander au jury si l'accusé était agent ou préposé d'une administration publique. C'est là une question où le fait et le droit sont intimement unis et qui n'excède pas les limites de la compétence du jury. — Cass. 7 janv. 1843 (Hourdequin). V. sous l'art. 177 C. pén., n° 38.

Mais on peut se borner à l'interroger sur les fonctions confiées à l'accusé et sur la nature de l'établissement auquel il était attaché, sauf à la cour d'assises à juger en droit que l'accusé était agent d'une administration publique. — Cass. 9 nov. 1843 (Fouquet). V. *id.*, n° 39.

Le jury doit être interrogé, à peine de nullité, sur le point de savoir si l'acte imputé à l'accusé était un acte de son emploi. — Cass. 23 janv. 1840 (Lamy).

Il ne peut être interrogé sur le point de savoir si l'accusé s'est abstenu d'un acte qu'il *prétendait* rentrer dans l'ordre de ses devoirs, lorsque l'arrêt de renvoi qualifie le crime conformément à l'article 177. — Cass. 14 janv. 1842 (Lacombe). V. art. 338 C. i. cr., n° 106.

Art. 179. Corruption, Corrupteur.

N... est-il coupable d'avoir, le ..., contraint ou tenté de contraindre, par voies de fait ou menaces, le sieur X... (*indiquer la fonction*), pour obtenir de lui qu'il fît *telle* chose, acte de sa fonction?

Ou : corrompu *ou* tenté de corrompre par promesses, offres, dons ou présents ..., etc.? (V. les formules de la chambre d'accusation.)

Nota. Lorsqu'il y a simple tentative, il doit être demandé au jury si cette tentative est restée sans effet, le défaut d'effet modifiant la peine. — V. art. 179, § 2. — Il doit être demandé si elle avait pour objet d'obtenir un acte du ministère de l'agent. — Cass. 9 mars 1819 (Chapsal).

Les circonstances constitutives de l'article 2 sur la tentative ne doivent pas être relevées.

Art. 186. Abus d'autorité.

Fait principal :

N... est-il coupable d'avoir, le ..., exercé volontairement des violences sur la personne de ...?

Circonstances :

Est-il résulté de ces violences une maladie ou incapacité de travail personnel pendant plus de vingt jours?

N... a-t-il commis ces violences dans l'exercice ou à l'occasion de l'exercice de ses fonctions de ... (*désigner*)?

A-t-il agi sans motif légitime? (V. *infrà*, art. 198, la formule.)

Nota. Le jury doit nécessairement être interrogé sur les deux questions de savoir si l'agent a agi dans l'exercice de ses fonctions et s'il a agi sans motif légitime. — Cass. 14 oct. 1825 (Girod). V. sous l'art. 186 C. pén., n° 8. Cass. 1er oct. 1835 (Virgetti). V. sous l'art. 339 C. i. cr., n° 30.

La question relative à l'existence d'un motif légitime doit être posée distinctement. — Cass. 18 juin 1857 (Schenek). — Même d'office, si elle n'est requise par l'accusé. — Cass. 14 oct. 1825 (Girod). — Elle est substantielle. — Cass. 5 déc. 1822 (Mazaud).

Cette question ne fait pas obstacle à ce qu'il soit posé une question résultant de la provocation, sur la demande de l'accusé, pour le cas où la légitimité des motifs ne serait pas reconnue. — Cass. 30 janv. 1835 (Pons). V. sous l'art. 186 C. pén., n° 6.

La réponse affirmative sur la première question dispense le jury de répondre à la seconde. — Cass. 18 juin 1857 (Schenek). V. *id.*, n° 7.

Art. 198. Crimes ou délits commis par des fonctionnaires.

Fait principal :

N... est-il coupable d'avoir, le ..., (*énoncer le crime*)?

Circonstance :

Était-il, au moment où il a commis le fait ci-dessus ..., (*désigner la fonction*), et, en cette qualité, chargé de le surveiller ou de le réprimer?

Art. 209 et suiv. Rébellion.

Fait principal :

N... est-il coupable d'avoir, le ..., commis une attaque *ou* une résistance avec violences et voies de fait envers (*indiquer le fonctionnaire*); *par exemple*, un agent de la force publique agissant pour l'exécution des lois...? (V. les formules de la chambre d'accusation.)

Circonstances :

Cette attaque, *cette résistance* a-t-elle été commise par plus de vingt personnes? (Art. 210.)

Ou bien : A-t-elle été commise par une réunion de trois personnes ou plus?

Dans cette réunion plus de deux personnes portaient-elles des armes ostensibles? (Art. 214.)

L'accusé était-il alors muni d'armes cachées? (Art. 215.)

Était-il le chef de cette rébellion?

Ou : L'accusé a-t-il provoqué cette rébellion? (Art. 221.)

Excuse :

L'accusé était-il sans fonctions ni emploi dans la bande et s'est-il retiré au premier avertissement de l'autorité, *ou*, s'étant retiré depuis, a-t-il été saisi hors du lieu de la rébellion, sans nouvelle résistance et sans armes? (Art. 213.)

Nota. On peut poser dans la question l'alternative de l'attaque ou de la résistance, pourvu qu'il n'y ait aucun doute sur les violences et les voies de fait qui ont accompagné la résistance ; autrement il est préférable de diviser. — V. Cass. 2 juillet 1835 (Aribaud).

Les expressions employées par l'article 209 pour caractériser la résistance ne sont point sacramentelles. On peut demander au jury s'il y a eu opposition avec force et violence à l'exécution des ordres d'un fonctionnaire. — Cass. 15 oct. 1824 (Voisin). V. sous l'art. 209 C. pén., n° 6.

La circonstance de port d'armes est suffisamment posée dans la question de savoir si la réunion a lancé des pierres. — Cass. 20 oct. 1831 (Rose). V. sous l'art. 210 C. pén., n° 4.

Dans une accusation de rébellion, le nombre des assaillants est une circonstance aggravante qui doit faire l'objet d'une question distincte. — Cass. 25 fév. 1843 (Bartez). V. sous l'art. 211 C. pén., n° 2.

L'atténuation portée par l'article 213 du Code pénal constitue une excuse légale qui doit faire l'objet d'une question au jury, si l'accusé le demande. — Cass. 14 déc. 1850 (Lucien). V. sous l'art. 213, n° 3.

Art. 230 et suiv. Violences envers les officiers ministériels et agents de la force publique.

Fait principal :

N... est-il coupable d'avoir, le ..., volontairement porté des coups au sieur X...?

Circonstances :

Ces violences ont-elles été dirigées contre le sieur X... dans l'exercice de ses fonctions de ... (*indiquer la fonction*), *ou* à l'occasion de cet exercice?

Ont-elles été la cause d'effusion de sang, blessures ou maladie?

La mort s'en est-elle suivie dans les quarante jours?

Ces coups ont-ils été portés avec préméditation?

Ont-ils été portés de guet-apens?

Ces coups ont-ils été portés *et* ces blessures ont-elles été faites avec intention de donner la mort ? (Art. 233.)

Nota. Est aggravante et doit faire l'objet d'une question distincte :

La circonstance que les violences ont été exercées sur un agent de la force publique dans l'exercice de ses fonctions. — Cass. 8 août 1861 (Charuel), 19 janv. 1862 (Esnon). V. sous l'art. 231 C. pén., n° 16 ;

La circonstance qu'elles ont été cause d'effusion de sang, blessure ou maladie. — Cass. 10 janv. 1856 (Auffret). V. *id.*, n° 17.

On peut poser d'une manière alternative la question de savoir si les violences ont été exercées pendant que l'agent *exerçait son ministère ou à son occasion.* — Cass. 9 févr. 1854 (Découvrant). V. art. 337 C. i. cr., n° 142.

La question doit se borner à énoncer la fonction de l'agent, c'est à la cour d'assises à décider si en cette qualité celui-ci était agent de la force publique. — Cass. 18 juin 1858 (Crapet). V. art. 231 C. pén., n° 15.

Elle doit énoncer la nature de ces fonctions. — Cass. 12 juin 1851 (Neant). V. *id.*, n° 13.

L'excuse résultant de la provocation n'est pas admissible en cas de meurtre ou de violences envers des agents de la force publique. — Cass. 25 avril 1857 (Brun). V. *id.*, n° 19.

Cependant la question sur la provocation doit être posée subsidiairement pour le cas où le jury répondrait négativement sur la circonstance aggravante, lorsque l'accusé le demande. — Cass. 26 déc. 1856 (Basia).

Art. 239 et suiv. Évasion de détenus.

N... est-il coupable d'avoir, le ..., étant gardien de la maison de justice de ..., et en cette qualité préposé à la garde du détenu X..., par connivence, facilité l'évasion dudit X..., prévenu ou accusé d'un crime de nature ...?

Nota. La négligence n'étant pas un fait d'excuse du crime de connivence, la cour d'assises n'est pas tenue d'en poser la question au jury. — Cass. 16 avril 1819 (Denat). V. sous l'art. 238 C. pén., n° 6.

La circonstance que le détenu était accusé ou condamné pour un fait de nature à entraîner une peine afflictive ou infamante est constitutive et non aggravante ; elle doit être jointe à la question principale. — Cass. 7 août 1845 (Crombach). V. sous l'art. 239

Art. 255. Soustraction dans un dépôt public.

Fait principal :

N... est-il coupable d'avoir, le ..., soustrait frauduleusement, enlevé ou détruit, *tel objet* contenu dans un dépôt public ou remis à un dépositaire public en cette qualité ?

Circonstance :

L'accusé était-il dépositaire public des objets volés ?

Nota. On doit demander au jury si l'objet était contenu dans le dépôt public, dans un greffe. — Cass. 19 janv. 1843 (Bouchoul). V. sous l'art. 254 C. pén., n° 9.

La circonstance de la violation d'un dépôt est constitutive et non pas seulement aggravante du fait de vol ou de destruction ; elle ne doit pas faire l'objet d'une question spéciale. — Cass. 22 mars 1844 (Bertinet). V. *id.*, n° 13.

Art. 265 et suiv. Association de malfaiteurs.

Fait principal :

N... est-il coupable d'avoir, en ..., fait partie d'une association de malfaiteurs organisée envers les personnes *ou* les propriétés, dans laquelle il était chargé d'un service ?

Circonstances :

A-t-il été le directeur de l'association ?

A-t-il été le commandant en chef *ou* en sous-ordre de ces bandes ?

Fait principal :

N... est-il coupable d'avoir, en ..., sciemment et volontairement, fourni à une association de malfaiteurs organisée envers les personnes *ou* les propriétés, des armes, munitions, instruments de crime, logement, retraite *ou* lieu de réunion ?

Nota. Il suffit de demander au jury si l'accusé fait partie d'une association de malfaiteurs organisée contre les personnes ou les propriétés ; il n'est pas nécessaire que les questions reproduisent littéralement les termes de l'article 266 C. pén. — Cass. 22 sept. 1848 (Chatel). V. sous l'art. 266, n° 2.

La qualité de commandant en chef ou en sous-ordre constitue une circonstance aggravante et non constitutive de ce crime. — Cass. 9 févr. 1832 (Gauguin). V. sous l'art. 267, n° 2.

La déclaration du jury doit exprimer que c'est sciemment et volontairement que l'accusé a fourni des armes, ou contenir quelque autre mot présentant la même idée. — Cass. 22 juillet 1824 (Gambini). V. sous l'art. 268, n° 2.

Art. 279. Mendiants et vagabonds ayant exercé des violences.

Fait principal :

N... est-il coupable d'avoir, le ..., exercé volontairement des actes de violence sur la personne de ...?

Circonstances :

N'avait-il à cette époque ni domicile certain ni moyens de subsistance, et n'exerçait-il habituellement ni métier ni profession ?

Ou bien : A-t-il été, à cette époque, trouvé mendiant à ..., lieu pour lequel il existe un établissement public organisé afin d'obvier à la mendicité ?

Était-il porteur d'armes ?

A-t-il été saisi muni de limes, crochets ou autres instruments propres à commettre des vols *ou* des délits *ou* à lui procurer les moyens d'entrer dans les maisons ?

Art. 295 et suiv. Homicide.

Fait principal :

N... est-il coupable d'avoir, le ..., volontairement commis un homicide sur la personne de ...?

Circonstances :

A-t-il agi avec préméditation ?

A-t-il agi de guet-apens ?

Cet homicide volontaire a-t-il précédé, accompagné *ou* suivi le crime de ... ci-après ou ci-dessus spécifié ? (*On doit spécifier ce crime dans une question distincte.*) (Art. 304.)

Ou : A-t-il eu pour objet de préparer, faciliter *ou* exécuter le délit ci-après spécifié? (Art. 304.)

Ou : A-t-il eu pour objet de favoriser la fuite *ou* d'assurer l'impunité de l'auteur du délit ci-après spécifié? (Art. 304.)

Ou : L'accusé, pour l'exécution de ce crime, a-t-il employé des tortures *ou* commis des actes de barbarie? (Art. 303.)

Ou : A-t-il commis ce crime dans l'exercice de ses fonctions de ... (*désigner la fonction*) *ou* à l'occasion de ses fonctions de ...? (Art. 198.)

A-t-il agi sans motifs légitimes? (Art. 198.)

Ou : A-t-il commis ce crime sur la personne de X... pendant que celui-ci exerçait ses fonctions de ... *ou* à l'occasion de ses fonctions de ...? (Art. 233.)

Nota. La circonstance que l'homicide a été commis *volontairement* doit être soumise au jury. — Cass. 26 déc. 1834 (Godard). V. sous l'art. 295, n°s 1 et suiv.

On ne doit pas lui demander si l'accusé est coupable du fait complexe qualifié meurtre. — Cass. 20 juin 1823 (Heisser). V. *id.*, n° 3.

La volonté, étant un élément constitutif du crime de meurtre et non une circonstance aggravante, ne peut faire l'objet d'une question spéciale. — Cass. 24 juillet 1841 (Zeller). V. *id.*, n° 11.

L'accusation d'homicide volontaire peut faire l'objet de trois questions principales : 1° de blessures volontaires; 2° de blessures volontaires ayant occasionné la mort; 3° de blessures volontaires faites avec intention de donner la mort. — Cass. 24 juillet 1841 (Zeller). V. *id.*, n° 12.

La préméditation et le guet-apens sont des circonstances aggravantes du crime de meurtre et non des circonstances constitutives d'un crime différent qualifié assassinat. — Cass. 19 oct. 1837 (Bisnquet). V. sous l'art. 296 C. pén., n° 10.

Elles doivent être posées au jury séparément du fait principal et posées distinctement l'une de l'autre. — Cass. 13 juill. 1837 (Dombidau), 8 oct. 1853 (Vigouroux). V. *id.*, n°s 11 et suiv.

Les mots : *préméditation et guet-apens* ne sont pas sacramentels; ils peuvent être remplacés par la définition qu'en donne la *loi*. — Cass. 14 sept. 1843 (Boisseau). V. *id.*, n° 13.

Lorsque la question de préméditation a été posée à l'égard de l'auteur principal, il n'est pas nécessaire de la poser à l'égard du complice. — Cass. 15 sept. 1843 (Bousquet). V. art. 337 C. i. cr., n° 97. — Mais elle doit être posée d'une manière distincte pour chacun des auteurs principaux. — Cass. 16 nov. 1854 (Lemeur), 28 juin 1855 (Metas), 30 déc. 1864 (Planix), 19 mai 1865 (Hamon).

Le président peut poser, comme résultant des débats, la question de blessures faites volontairement avec préméditation sans intention de donner la mort, mais l'ayant occasionnée. — Cass. 11 mars 1841 (Rey), art. 338 C. i. cr., n° 58. Mais l'accusé n'est pas fondé à demander qu'elle soit posée comme question d'excuse. — Cass. 29 juin 1854 (Villebrun). V. art. 339 C. i. cr., n° 39.

Il peut poser la question d'homicide par imprudence si elle résulte des débats. — Cass. 9 nov. 1818 (Martinetti).

Il ne peut poser une question sur le délit de port d'armes de guerre. — Cass. 14 mars 1844 (Perinetti), art. 338 C. i. cr., n° 100.

Le jury doit être interrogé par une question distincte sur la concomitance du crime de meurtre avec un autre crime, cette circonstance étant aggravante. — Cass. 20 avril 1854 (Beun), 13 juill. 1861 (Jacquet). V. sous l'art. 304 C. pén., n° 1. Cass. 3 juin 1852 (Valotaire). V. art. 337 C. i. cr., n° 222.

La circonstance que le meurtre et l'autre crime ont été commis le même jour et dans le même lieu n'établit pas que ces deux crimes ont concouru l'un avec l'autre. — Cass. 9 juill. 1818 (Goittard). V. art. 304 C. p., n° 2. — Ni celle qu'ils ont été commis dans la même soirée. — Cass. 13 juill. 1861 (Jacquet).

Il n'est pas nécessaire de spécifier si le second crime a suivi le premier dans le même temps et dans le même lieu. Il suffit qu'il soit exprimé que le second crime a suivi immédiatement le premier. — Cass. 15 avril 1847 (Grimaldi). V. *id.*, n° 3.

Les éléments constitutifs du crime qui a accompagné le meurtre doivent être également précisés et constatés. Il ne suffit pas de demander au jury si le meurtre a été accompagné d'un autre crime. — Cass. 17 mars 1851 (Barka). V. *id.*, n° 15.

Le crime ou le délit qui a suivi ou précédé le meurtre, étant une circonstance aggravante, doit être l'objet d'une question distincte. — Cass. 3 juin 1852 (Valotaire). V. *id.*, n° 16.

S'il y a plusieurs accusés, une question doit être posée à l'égard de chacun d'eux sur sa participation au meurtre et au crime concomitant comme auteur ou complice, et sur le concours simultané du meurtre et de l'autre crime. — Cass. 22 déc. 1836 (Gauthier). V. *id.*, n° 17.

La cour peut poser une question sur un vol qualifié ayant accompagné le meurtre, lorsque ce vol résulte des débats. — Cass. 3 oct. 1839 (Saulaxe); ou sur un viol ou tout autre attentat à la pudeur ayant accompagné le meurtre. — Cass. 3 août 1845 (Lachanelle). V. sous l'art. 338 C. i. cr., n° 49.

Mais ce fait ne pouvant être soumis au jury que considéré comme circonstance aggravante du meurtre, celui-ci ne peut s'en occuper qu'en cas de réponse affirmative sur le fait principal. — Cass. 9 avril 1845 (Lachanelle). V. *id.*, n° 50.

Dans une accusation de deux tentatives de meurtre, la question de *savoir si la perpétration* du second crime a suivi immédiatement le premier est une circonstance qui peut être posée au jury comme résultant des débats. — Cass. 15 avril 1847 (Grimaldi). V. *id.*, n° 52.

Le jury doit également être interrogé sur le fait constitutif du délit et sur sa relation avec le meurtre. — Cass. 25 août 1842 (Cadious). V. sous l'art. 304 C. p., n° 20.

Cependant il n'y a pas nullité si la question est posée en ces termes : *Ce meurtre a-t-il eu pour but de faciliter la perpétration d'un délit de vol?* quoiqu'il eût été plus régulier d'énumérer toutes les circonstances constitutives de ce délit. — Cass. 12 juill. 1855 (Scotto). V. *id.*, n° 21.

Il n'est pas nécessaire de lui demander s'il y a eu concomitance. Il suffit d'énoncer que le meurtre a été commis pour préparer ou faciliter le vol. — Cass. 16 mai 1863 (Verdet).

Le délit devenant une circonstance aggravante du meurtre peut faire l'objet d'une question au jury comme résultant des débats. — Cass. 3 oct. 1839 (Soucaze). V. *id.*, n° 23.

Dans une accusation de tentative d'homicide ayant précédé un vol, le président peut poser, comme résultant des débats, la question du vol à l'aide de violences ayant laissé des traces de blessures. — Cass. 9 sept. 1841 (Brunet). V. art. 538 C. i. cr., n° 60.

Sur la question d'excuse, v. les formules, art. 321 et suiv.

Art. 299. Parricide.

X... est-il coupable d'avoir, le ..., commis volontairement un homicide sur la personne de ..., son père légitime, naturel *ou* adoptif ou son aïeul légitime ?

Nota. Le rapport de filiation qui unit l'auteur du crime à la victime ne forme pas une circonstance aggravante du crime; il est constitutif du crime de parricide et ne doit pas faire l'objet d'une question spéciale. — Cass. 16 juillet 1842 (Bourain), 11 mai 1866 (Pernot). V. sous l'art. 299 C. pén., n° 12. — Il peut faire l'objet d'une question distincte sans qu'il y ait nullité. — Cass. 25 mars 1853 (Lacin), 6 avril 1863 (Durivier). V. *id.*, n° 14.

Il est superflu, dans une accusation de parricide, de soumettre au jury les circonstances de préméditation et de guet-apens. — Cass. 2 mars 1850 (Bardet). V. *id.*, n° 17.

Art. 300. Infanticide.

X... est-elle coupable d'avoir, le ..., volontairement donné la mort à son enfant nouveau-né *ou* à *tel* enfant nouveau-né ?

Nota. La qualité d'enfant nouveau-né est constitutive et non aggravante du crime d'infanticide. — Cass. 13 mars 1856 (Olivier). V. sous l'art. 300 C. pén., n° 1. — Cependant il peut être utile de diviser la question s'il y a doute sur la circonstance que l'enfant est nouveau-né. V. *id.*

Le nom de l'enfant peut être omis dans la question. — Cass. 6 févr. 1840 (Quénardel). V. *id.*, n° 3.

Le meurtre de deux enfants nouveau-nés constitue deux infanticides et doit faire l'objet de deux questions. — Cass. 18 juill. 1856 (Mayeras). V. art. 337 C. i. cr., n° 204.

Dans une accusation d'infanticide, on peut poser, comme résultant des débats, la question d'homicide par imprudence. — Cass. 6 janv. 1837 (Chemin). V. art. 338 C. i. cr., n° 63.

Dans une accusation de tentative d'infanticide, le délit d'exposition d'enfant peut, suivant les circonstances, faire l'objet d'une question subsidiaire comme résultant des débats. — Cass. 31 août 1855 (Desse). V. *id.*, n° 64.

Mais on ne peut, dans une accusation d'infanticide, poser, comme résultant des débats, une question sur un crime d'avortement. — Cass. 30 janv. 1851 (Betamon). V. *id.*, n° 97; ni sur un crime de suppression d'enfant. — Cass. 19 avril 1839 (Alexandre), ou de suppression d'état. — Cass. 18 juin 1853 (Cornelle). V. *id.*, n° 98.

Il n'y a pas lieu de poser comme question d'excuse le fait que l'accusée d'infanticide aurait été victime d'un viol au moment de la conception. — Cass. 31 août 1855 (Leroy). V. art. 339 C. i. cr., n° 23.

Art. 301. Empoisonnement.

X... est-il coupable d'avoir, le ..., attenté à la vie de ... par l'effet de substances pouvant donner la mort ?

Ou : ... attenté à la vie de ..., son père légitime, naturel ou adoptif, par l'effet ...?

Nota. La préméditation étant inséparable du fait d'empoisonnement, il n'y a pas lieu de l'énoncer dans la question au jury. — Cass. 26 vend. an XIV (Bourdarie). V. sous l'art. 301 C. p., n° 19.

Le crime d'empoisonnement implique nécessairement la volonté de son auteur; elle n'a pas besoin d'être exprimée. — Cass. 20 mars 1862 (Gresse).

L'empoisonnement d'une personne, bien que résultant d'actes répétés accomplis à des époques rapprochées, ne forme qu'un seul crime. — Cass. 12 déc. 1840 (Lafarge). V. *id.*, n° 12.

Mais l'empoisonnement de plusieurs personnes ne peut être compris dans une seule question. — Cass. 4 avril 1845 (Lacomme). V. art. 337 C. i. cr., n° 203.

Art. 309 et suiv. Coups et blessures volontaires.

Fait principal :

X... est-il coupable d'avoir, le ..., volontairement porté des coups *ou* fait des blessures à ..., *ou* commis des violences ou voies de fait envers ...?

Circonstances :

Est-il résulté de ces violences une maladie *ou* incapacité de travail personnel pendant plus de vingt jours ?

Ou : Ces violences ont-elles été suivies de mutilation, amputation *ou* privation de l'usage d'un membre, cécité, perte d'un œil, infirmité permanente ?

Ou : Ces coups portés *ou* ces blessures faites volontairement, mais sans intention de donner la mort, l'ont-ils pourtant occasionnée ?

X... a-t-il agi avec préméditation ?

A-t-il agi de guet-apens ?

X... est-il le fils légitime, naturel *ou* adoptif de ..., ou le petit-fils légitime de ...?

Nota. La volonté doit être énoncée dans la question à peine de nullité. Le mot *coupable* ne suffit pas pour constater cette circonstance. — Cass. 26 déc. 1844 (Fagot). — Elle est suffisamment exprimée par la circonstance que les coups ont été portés sans provocation. — Cass. 5 août 1847 (Alaine); *ou* qu'ils ont été portés avec préméditation. — Cass. 11 janv. 1856 (Richard). V. sous l'art. 309 C. p., n°s 5 et suiv.

La circonstance aggravante que les coups ont occasionné une incapacité de travail de plus de vingt jours doit faire l'objet d'une question distincte. — Cass. 16 janv. 1841 (Michelon). V. *id.*, n° 26.

Il en est de même de la circonstance que les coups ont occasionné la mort. — Cass. 10 juin 1853 (Desharres). V. *id.*, n° 35, et sous l'art. 337 C. i. cr., n° 221.

De la circonstance que la victime était le père, ou la mère, ou l'ascendant légitime de l'accusé. — Cass. 7 août 1851 (David). V. sous l'art. 312 C. p., n° 6.

Sur la question de préméditation ou de guet-apens, v. *suprà* les notes sous la formule, art. 295.

Dans une accusation de coups portés par un fils à son père, une question unique peut être posée sur les différents actes qui ne sont que les éléments d'un seul et même crime. — Cass. 3 juin 1859 (Gorin). V. art. 337 C. i. cr., n° 180.

On peut poser, comme résultant des débats, la question de tentative de ce crime. — Cass. 3 fév. 1831 (Signoret).

Sur les questions d'excuse, v. ci-après, art. 321 et suiv.

Art. 317. Avortement, maladie occasionnée par des substances nuisibles.

Fait principal :

N... est-il coupable d'avoir, le ..., par aliment, breuvage, médicament, violences, *ou* au moyen d'une opération, procuré l'avortement de la femme X., alors enceinte?

N... est-elle coupable de s'être, le ..., étant enceinte, procuré à elle-même un avortement à l'aide de breuvages et de médicaments ou de ..., lequel avortement s'en est suivi?

Ou : d'avoir, le ..., consenti à faire usage des moyens à elle indiqués *ou* administrés, dans le but de se procurer un avortement qui s'en est suivi? (V. les formules de la chambre d'accusation.)

Circonstances :

L'accusé est-il médecin, chirurgien, pharmacien?

L'accusée est-elle sage-femme? (*Ces dernières circonstances ne doivent pas être posées lorsqu'il n'y a eu qu'une simple tentative d'avortement.*)

Nota. La volonté est suffisamment exprimée lorsque la question est posée dans les termes de l'article 317. — Cass. 18 oct. 1850 (Joubaye). V. sous l'art. 317 C. pén., n° 2.

La question de savoir si l'accusé a procuré les moyens, sachant qu'ils devaient servir à l'avortement, ou s'il a agi avec connaissance, est inutile. La question intentionnelle est résolue par le mot *coupable*. — Cass. 9 fév. 1850 (Alibran). V. *id.*, n° 4.

La question de savoir si l'avortement a été *provoqué* est insuffisante. Elle n'exprime pas que l'avortement a été effectué et ne contient pas les caractères qui constituent la tentative. — Cass. 16 juin 1853 (Lagnon). V. *id.*, n° 5.

Il n'est pas nécessaire d'indiquer le moyen spécial à l'aide duquel l'avortement a été opéré. — Cass. 26 janv. 1839 (Verdun). V. *id.*, n° 6.

Les qualités de médecin, officier de santé, sage-femme, sont des circonstances aggravantes qui doivent être soumises au jury par des questions *distinctes*. — Cass. 16 juin 1853 (Lagnon). V. *id.*, n° 12.

La question : *l'accusé est-il médecin?* suffit. Elle se réfère nécessairement à la question principale, sans qu'il soit besoin qu'elle énonce explicitement que cette qualité de médecin existait au moment du crime. — Cass. 5 mars 1857 (Tresières). V. *id.*, n° 13.

La qualité de sage-femme peut être présentée à l'examen des jurés comme résultant des débats. — Cass. 23 mai 1844 (Manclerc).

Fait principal :

N... est-il coupable d'avoir, le ..., volontairement causé à X... une maladie *ou* incapacité de travail personnel en lui administrant des substances nuisibles à la santé?

Circonstances :

Cette maladie *ou* incapacité de travail personnel a-t-elle duré plus de vingt jours?

N... est-il le fils légitime, naturel ou adoptif de ..., *ou* le petit-fils légitime de ...?

Art. 321 et suiv. Excuses.

Le fait ci-dessus qualifié a-t-il été provoqué par des coups ou violences graves envers la personne de l'accusé *ou* envers des tiers?

Ces violences ont-elles été commises en repoussant, pendant le jour, l'escalade *ou* l'effraction des clôtures, murs ou entrée d'une maison *ou* d'un appartement habité *ou* de leurs dépendances?

Nota. La cour ne peut refuser de poser une question d'excuse résultant de la provocation par coups et violences graves, sous prétexte que les faits exposés par le défenseur ne présentaient pas les caractères voulus par la loi pour constituer des coups et violences graves. — Cass. 15 juin 1855 (Groguet). V. sous l'art. 339 C. i. cr., n° 37.

Ou que ces violences n'avaient pas été exercées dans un temps voisin du crime. — Cass. 10 mars 1826 (Chevalier). V. *id.*, n° 38.

La question de préméditation n'est pas un obstacle à ce que la question de provocation soit posée. — Cass. 15 nov. 1811 (Vanderstraeten). V. *id.*, n° 48.

On doit spécifier que les violences graves ont été exercées *envers les personnes*. — Cass. 7 fév. 1812 (Danety). V. sous l'art. 321 C. pén., n° 23.

La cour peut refuser de poser la question d'excuse, lorsque l'accusé se borne à alléguer une provocation vague, sans exciper d'une provocation par coups ou violences graves. — Cass. 19 mars 1835 (Margaine). V. art. 339 C. i. cr., n° 33.

Ou des voies de fait, sans spécifier si elles avaient le caractère de violences graves. — Cass. 22 janv. 1852 (Jeannot). V. *id.*, n° 34.

Ou une simple imputation verbale d'un délit. — Cass. 27 fév. 1813 (Fioravanti). V. *id.*, n° 35.

La légitime défense ne peut faire l'objet d'une question d'excuse qui puisse être posée séparément. Elle se trouve comprise dans la question de culpabilité sur le fait principal. — Cass. 12 sept. 1850 (Sabatier). V. sous l'art. 328 C. pén., n° 10.

V. sur les excuses les notes sous les art. 321 et suiv. C. pén. *Codes crim.*

Art. 331. Attentat a la pudeur sans violence.

N... est-il coupable d'avoir, le ..., commis un attentat à la pudeur sans violences sur la personne de ..., âgée de moins de treize ans?

Est-il coupable d'avoir, le ..., commis un attentat à la pudeur sans violences sur la personne de ..., sa fille mineure, non émancipée par le mariage? (V. les autres formules de la chambre d'accusation.)

Nota. Le jury doit être interrogé sur l'âge de la victime, encore bien que l'acte de naissance soit produit ; l'âge est une circonstance constitutive du crime qui doit être réunie au fait principal. — Cass. 1er oct. 1831 (Tourneval), 10 nov. 1864 (Vallet). V. sous l'art. 331 C. pén., n°s 6 et suiv.

Rien n'empêche cependant le président, s'il le croit utile, d'interroger le jury par une question distincte sur l'âge de l'enfant. — Cass. 1er déc. 1868 (Colombatti).

Les mots *sans violence* peuvent sans inconvénient être omis dans la question. — Cass. 29 nov. 1850 (Berthault). V. *id.*, n° 12.

La consommation et la tentative peuvent être posées au jury dans une seule question d'une manière alternative. — Cass. 4 août 1853 (Michel). V. *id.*, n° 16.

Il n'est pas nécessaire de l'interroger sur les caractères de la tentative, tels que les définit l'article 2 du Code pénal. *Id.*

N; sur le point de savoir si le crime a été consommé ou seulement tenté. — Cass. 30 nov. 1827 (Villars). V. *id.*, n° 17.

Les faits qui constituent une série d'attentats successifs accomplis dans un intervalle de temps déterminé, sans qu'il soit possible de préciser la date de chacun d'eux, peuvent faire l'objet d'une seule question, s'ils présentent les mêmes caractères. — Cass. 12 juin 1851 (Aubrée). V. *id.*, n° 18.

Ainsi on peut demander si l'accusé a commis, *à diverses reprises*, à telle époque, un attentat...

On ne peut comprendre dans une seule question des attentats commis sur plusieurs enfants. — Cass. 13 juillet 1843 (Collin). V. *id.*, n° 19.

On ne peut poser comme résultant des débats la question d'excitation habituelle à la débauche. — Cass. 11 mai 1832 (Gely). V. art. 338 C. i. cr., n° 99.

Mais on peut poser celle d'outrage public à la pudeur. — Cass. 14 oct. 1826 (Beauventre). V. *id.*, n° 66.

Art. 332. Attentat a la pudeur avec violence. Viol.

Fait principal :

N... est-il coupable d'avoir, le ..., ou à diverses reprises, en ..., commis un viol sur la personne de ...?

N... est-il coupable d'avoir, le ..., ou à diverses reprises, en *telle année*, commis un attentat à la pudeur avec violence sur la personne de ...?

Circonstances :

La victime était-elle alors âgée de moins de quinze ans?

L'accusé est-il l'ascendant de la victime?

L'accusé, à cette époque, était-il l'instituteur de la victime?

Était-il son serviteur à gages... ou le serviteur à gages de son ascendant?

La victime était-elle apprentie de sa femme, habitant dans sa maison?

Exerçait-il à cette époque les fonctions de ...?

Était-il ministre de *tel* culte?

A-t-il été aidé dans son crime par une ou plusieurs personnes? (V. les formules de la chambre d'accusation.)

Nota. Il n'est pas nécessaire que la question contienne les circonstances qui ont pu constituer le crime; il suffit de la poser dans les termes ci-dessus. — Cass. 18 mai 1854 (Levêque). V. sous l'art. 332 C. pén., n° 14.

La violence ne doit pas faire l'objet d'une question distincte; elle est constitutive du crime et non simplement aggravante. — Cass. 20 janv. 1848 (Crégut). — Alors que la victime est âgée de plus de treize ans. — Cass. 6 fév. 1845 (Pruel). V. *id.*, n° 15.

Mais l'âge de la victime étant une circonstance aggravante, s'il est au-dessous de quinze ans, doit faire l'objet d'une question spéciale. — Cass. 11 nov. 1858 (Veve), 23 mars 1865 (Rougamon). V. *id.*, n° 16. — Même alors que l'enfant serait âgé de moins de treize ans. — Cass. 11 déc. 1856 (Dusset), 8 juin 1843 (Prelly). V. *id.*, n° 17.

Lorsque l'attentat avec violence a été commis sur un enfant âgé de moins de treize ans, il y a lieu de poser une première question relative à l'attentat avec violence sur telle personne, une seconde sur la circonstance de l'âge au-dessous de quinze ans, et éventuellement une question principale sur un attentat commis sans violence sur un enfant au-dessous de treize ans. — La circonstance de violence ne peut être posée comme aggravante du crime prévu par l'article 331 du Code pénal. — Cass. 12 janv. 1843 (Huard), 20 janv. 1848 (Crégut), 8 sept. 1864 (Duez), 16 nov. 1854 (Vallée). V. sous l'art. 332 C. pén., n°s 17 et suiv.

Dans une accusation d'attentat à la pudeur avec violence sur un enfant de moins de treize ans, le président peut, dans la question, substituer les mots : *âgé de moins de quinze ans* aux mots : *âgé de moins de treize ans*. — Cass. 8 sept. 1864 (Duez).

Des faits réitérés d'attentat à la pudeur ou de viol commis sur la même personne, mais à des époques diverses, peuvent être compris dans la même question lorsqu'il n'est pas possible de préciser la date de l'un d'eux. — Cass. 8 août 1840 (Russet). V. art. 337 C. i. cr., n° 192.

Mais la division peut être nécessaire pour fixer sans complexité les époques principales des viols et des attentats, l'âge et l'état de la victime à ces différentes époques. — Cass. 22 déc. 1842 (Marignon). V. *id.*, n° 193.

Circonstances résultant des débats. — Dans une accusation de meurtre, le président peut poser, comme résultant des débats et comme circonstance aggravante, la question de savoir si, avant le meurtre, l'accusé avait commis sur sa victime le crime de viol ou tout autre attentat à la pudeur avec violence. — Cass. 3 avril 1845 (Lachanelle). V. *id.*, n° 222.

Il peut, dans une accusation de viol, poser comme résultant des débats la question d'attentat à la pudeur avec violence. — V. art. 338 C. i. cr., n° 9.

Il peut, dans une accusation d'attentat à la pudeur avec violence sur un enfant de moins de quinze ans, poser la question d'attentat à la pudeur sans violence sur un enfant de moins de treize ans. — Cass. 11 déc. 1851 (Brand). V. *id.*, n° 66.

Circonstances. — Le président ne doit pas demander au jury si l'accusé avait autorité sur sa victime. Il doit l'interroger sur les faits desquels résulte cette circonstance, tels que l'habitation sous le même toit, les rapports de parenté, de domesticité, la minorité de la victime. — Cass. 7 juin 1860 (Massin), 3 oct. 1862 (Cotte). V. sous l'art. 333 C. pén., n° 21. — C'est à la cour à juger en droit si ces faits constituent l'autorité. — Cass. 28 juin 1855 (Monnier).

Il doit l'interroger sur le point de savoir : si l'accusé est ascendant de la victime. — Cass. 2 déc. 1853 (Rampont). V. *id.*, n° 23; — sauf le cas où il pourrait y avoir lieu à une question de droit; par exemple, si l'accusé était ascendant par alliance seulement. On doit dans ce cas se borner à demander au jury si l'accusé a commis l'attentat envers la femme de son fils. — Cass. 14 sept. 1837 (Assenat).

S'il était son précepteur et beau-père. — Cass. 3 mai 1832 (Bray).

S'il était son maître. — Cass. 26 juin 1846 (Fagot). V. *id.*, n° 24 et suiv.

S'il avait *telle* qualité. La question de savoir si cette qualité confère le caractère de fonctionnaire public constitue une question de droit que la cour seule a le pouvoir de résoudre. — Cass. 22 nov. 1866 (Le Roi).

Il peut substituer la qualité de *serviteur à gages* à celle d'ouvrier. — Cass. 10 déc. 1824 (Sauva). Art. 337 C. i. cr., n° 69.

Il doit soumettre au jury, dans une seule question, le fait que la victime était la fille naturelle de l'accusé, ou sa nièce ou sa belle-fille, qu'elle était mineure et qu'elle avait une habitation commune avec lui. — Cass. 10 août 1839 (Lemmach), 17 janv. 1850 (Sezille), 12 août 1859 (Valot). V. art. 337 C. i. cr., n° 163, et art. 333 C. pén., n° 27.

La question sur l'habitation commune est inutile si la victime est mineure et si l'accusé est le mari de sa mère. — Cass. 30 août 1855 (Renaut). V. art. 333 C. pén., n° 5.

Il est inutile de soumettre au jury la question de savoir si la victime, enfant naturel de l'accusé, était reconnue. — Cass. 25 mars 1843 (Bieux). — Ou s'il était légitimé. — Cass. 10 sept. 1846 (Lerat). V. *id.*, n°s 28, 29.

L'autorité ne résulte pas suffisamment de la question qui relève seulement le fait que la victime était restée chez l'accusé après la mort de sa mère, et qu'elle était placée en fait sous sa direction. Il faut en outre indiquer qu'elle était mineure et qu'elle avait été recueillie par l'accusé. — Cass. 24 nov. 1866 (Leprince).

La circonstance que l'accusé était l'ascendant de la victime, qu'il avait autorité, qu'il était fonctionnaire ou ministre du culte, étant aggravante, doit faire l'objet d'une question distincte. — Cass. 3 mars 1858 (Das). V. art. 337 C. i. cr., n° 224, et 333 C. pén., n°s 31 et suiv.

Art. 340. Bigamie.

N... est-il coupable d'avoir, le ..., étant engagé dans les liens du mariage, contracté un nouveau mariage avec la nommée ... avant la dissolution du précédent? (V. les formules de la chambre d'accusation.)

Nota. On ne doit pas poser la question de savoir si l'accusé a contracté le second mariage avant d'avoir acquis la preuve légale de la dissolution du premier. — Cass. 12 pluv. an XIII (Liérejens). V. sous l'article 340 C. pén., n° 1.

Art. 341 et suiv. Arrestation illégale, Séquestration.

Fait principal :

N... est-il coupable d'avoir, le ..., sans ordre des autorités constituées et hors les cas où la loi ordonne de saisir des prévenus, arrêté, détenu *ou* séquestré *telle* personne?

N... est-il coupable d'avoir, le ..., sciemment prêté un lieu pour exécuter la détention *ou* séquestration ci-dessus spécifiée?

Circonstances :

La séquestration *ou* la détention a-t-elle duré plus d'un mois?

L'arrestation a-t-elle été exécutée avec le faux costume, sous un faux nom *ou* sur un faux ordre de l'autorité publique?

L'individu arrêté, détenu *ou* séquestré, a-t-il été menacé de la mort?

... a-t-il été soumis à des tortures corporelles?

Nota. On peut demander au jury si l'accusé est coupable d'avoir détenu ou séquestré *illégalement* telle personne; mais il est plus régulier de poser la question dans les termes ci-dessus. — Cass. 19 juin 1828 (Villemey). V. sous l'art. 341 C. pén., n° 14.

Excuse :

L'accusé, lorsqu'il n'était pas encore poursuivi de fait, a-t-il rendu la liberté à la personne arrêtée, séquestrée *ou* détenue, avant le dixième jour accompli depuis celui de l'arrestation, détention *ou* séquestration?

Nota. Cette circonstance constitue un fait d'excuse qui doit être posé au jury, à peine de nullité, si l'accusé le demande. — Cass. 24 avril 1841 (Poncet). V. art. 339 C. i. cr., n° 43.

Mais il n'y a lieu de la poser que dans le cas prévu par l'art. 341 C. pén. L'atténuation ne s'étend pas aux cas prévus par l'art. 344. — Cass. 9 janv. 1847 (Rolland). V. sous l'art. 344 C. pén., n° 3.

Art. 345. Enlèvement, recélé, suppression d'enfant.

N... est-il coupable d'avoir, le ..., supprimé, enlevé *ou* recélé *tel* enfant né vivant?

V. les formules de la chambre d'accusation.

N... est-il coupable de n'avoir pas, le ..., étant chargé de *tel* enfant, représenté cet enfant à *telle* personne qui avait le droit de le réclamer?

S'il y a lieu, le président pose subsidiairement les questions suivantes :

Est-il établi que l'enfant ait vécu?
Est-il établi que l'enfant n'a pas vécu?

Nota. Il n'est pas nécessaire d'énoncer dans la question au jury les circonstances particulières qui ont accompagné la suppression. — Cass. 7 fév. 1840 (Dumont). V. sous l'art. 345 C. pén., n° 11.

Il est inutile de recourir pour le recélé à l'art. 62 C. pén. — Cass. 18 nov. 1824 (Brenguet). V. *id.*, n° 16.

Le président n'est pas tenu de demander au jury si la suppression a eu lieu avec l'intention de détruire la preuve de l'état civil de l'enfant. — Cass. 9 janv. 1851 (Chalard). V. *id.*, n° 20.

Art. 349 et suiv. Exposition et délaissement d'enfant.

Fait principal :

N... est-il coupable d'avoir, le ..., exposé et délaissé *ou* d'avoir donné l'ordre, lequel a été exécuté, d'exposer et de délaisser dans *tel endroit tel* enfant au-dessous de l'âge de sept ans accomplis?

Circonstances :

Le lieu *où* l'enfant a été exposé et délaissé était-il solitaire?

L'accusé était-il le tuteur *ou* l'instituteur dudit enfant?

Par suite de cette exposition et de ce délaissement, l'enfant est-il demeuré estropié ou mutilé?

La mort de cet enfant a-t-elle été la suite de cette exposition et de ce délaissement?

Nota. La circonstance que l'exposition d'un enfant au-dessous de sept ans a été effectuée dans un lieu solitaire, étant aggravante, doit faire l'objet d'une question distincte à peine de nullité. — Cass. 31 août 1855 (Bosse). V. sous l'art. 349 C. pén., n° 6.

Mais cette circonstance devient constitutive si la mort de l'enfant a suivi l'exposition, et peut, sans complexité, être confondue avec le fait d'exposition. — Cass. 28 déc. 1860 (Larque). *Id.*, n° 7.

Art. 354 et suiv. Enlèvement de mineurs.

Fait principal :

X... est-il coupable d'avoir, le ..., par fraude ou violence, enlevé *ou* fait enlever, entraîné, détourné *ou* déplacé, *ou* fait entraîner, détourner *ou* déplacer *tel* mineur de *tel* lieu où il avait été mis par X..., à l'autorité *ou* à la direction duquel il était soumis *ou* confié? *par exemple*, du domicile de ses parents à l'autorité desquels il était confié?

Circonstance :

La fille ..., ainsi enlevée *ou* détournée, était-elle alors âgée de moins de seize ans accomplis?

Nota. La question peut comprendre l'alternative de l'enlèvement par fraude *ou* violence. — Cass. 25 oct. 1821 (Bestout). V. sous l'art. 354 C. pén., n° 2.

La désignation de la personne à l'autorité de laquelle le mineur était soumis ou de la personne qui l'avait placé dans le lieu d'où il a été détourné est une circonstance élémentaire qui doit être comprise dans la question au jury. — Cass. 9 mai 1844 (Césarphien). V. *id.*, n° 8.

Le président peut poser subsidiairement, comme résultant des débats, la question de savoir si la mineure âgée de moins de seize ans n'avait pas consenti à l'enlèvement et volontairement suivi le ravisseur. — Cass. 30 nov. 1849 (Mariotti). V. art. 338 C. i. cr., n° 68.

Art. 356. Enlèvement de mineure avec consentement.

Fait principal :

X... est-il coupable d'avoir, le ..., enlevé, entraîné, détourné *ou* déplacé *ou* fait enlever, etc., de *tel* lieu où elle avait été mise par ..., à l'autorité *ou* à la direction duquel elle était soumise *ou* confiée, *telle* fille mineure au-dessous de seize ans, laquelle a consenti à son enlèvement *ou* a suivi volontairement le ravisseur?

Circonstance :

A cette époque, l'accusé était-il âgé de plus de vingt et un ans?

Nota. La circonstance que le ravisseur est âgé de plus de vingt et un ans est une circonstance aggravante qui doit faire l'objet d'une question distincte. — Cass. 30 nov. 1849 (Mariotti). V. sous l'art. 356 C. pén., n° 7.

Art. 361. Faux témoignage.

Fait principal :

X... est-il coupable d'avoir, le ..., devant la cour d'assises de ..., porté un faux témoignage, en matière criminelle, contre X..., accusé, *ou* en faveur de X..., accusé?

Circonstance :

Pour commettre cette action, l'accusé a-t-il reçu de l'argent, une récompense *ou* des promesses?

Nota. La circonstance que le faux témoignage a été émis soit contre l'accusé, soit en sa faveur, doit être soumise au jury et déclarée par lui. — Cass. 22 mars 1851 (Labury). V. sous l'art. 361 C. pén., n° 13. — Mais les termes de l'art. 361 ne sont pas sacramentels; il suffit que les termes de la question emportent par eux-mêmes la conséquence que le faux témoignage avait été de nature à profiter au prévenu. — Cass. 13 juillet 1861 (Arnaudet).

La question peut être posée d'une manière alternative dans les termes de l'article 361. — Cass. 30 nov. 1850 (Bois). V. *id.*, n° 15.

Il doit être énoncé que le faux témoignage a eu lieu en matière criminelle. — Cass. 30 janv. 1823 (Champion). V. *id.*, n° 16.

Il suffit de dire qu'il a été porté en matière criminelle à l'audience de la cour d'assises. Il est superflu d'ajouter que le vol dont il s'agissait dans le débat était qualifié. — Cass. 18 fév. 1841 (Genin). V. *id.*, n° 17.

Il n'y a pas lieu de demander au jury si le faux témoignage a porté préjudice. — Cass. 14 juill. 1827 (Fauvel). V. sous l'art. 363 C. pén., n° 1.

La circonstance que l'accusé a reçu de l'argent ou des promesses, étant aggravante, doit faire l'objet d'une question distincte. — Cass. 24 août 1854 (Domas).

A l'égard du faux témoignage en matière correctionnelle, de police civile, quand il y a dons ou promesses, les formules sont les mêmes.

Art. 365. Subornation de témoins.

Fait principal :

X... est-il coupable d'avoir, le ..., suborné le témoin B..., lequel a fait un faux témoignage, en matière criminelle, contre *ou* en faveur de X..., accusé?

Circonstance :

L'accusé a-t-il donné au témoin B... de l'argent, *ou* une récompense, *ou* des promesses?

Nota. La circonstance que le faux témoignage a été porté doit être soumise au jury. — Cass. 26 avril 1851 (Paris). V. sous l'art. 365 C. pén., n° 2.

On peut demander au jury si l'accusé a *provoqué* à faire un faux témoignage; mais alors on doit lui soumettre les caractères constitutifs de la complicité par provocation. — Cass. 16 avril 1857 (Ravergue), et les moyens à l'aide desquels a eu lieu la provocation. — Cass. 1er mars 1855 (Brismontier). V. *id.*, n° 9.

L'énonciation des moyens à l'aide desquels a eu lieu la subornation est inutile. Le mot subornation comprend tous les caractères du crime. — Cass. 2 juill. 1857 (Languereau), 13 juill. 1861 (Arnaudet). V. *id.*, n° 26.

Chaque fait de subornation de témoins doit être l'objet d'une question distincte. — Cass. 4 août 1843 (Massot), 25 avril 1851 (Jamet). V. *id.*, n° 27.

La circonstance aggravante de dons ou promesses reçus doit faire également l'objet d'une question distincte. — Cass. 24 août 1854 (Domas).

Art. 379 et suiv. Vol avec circonstances.

Fait principal :

X... est-il coupable d'avoir, le ..., soustrait frauduleusement *tel objet* appartenant à...

Nota. On peut employer indifféremment le mot *vol* ou les mots *soustraction frauduleuse*. — Cass. 12 juin 1853 (Galmont). V. sous l'art. 379 C. pén., n° 1.

Il faut demander si la soustraction a été frauduleuse, le mot coupable est insuffisant. — Cass. 20 juillet 1826 (Gaucher). V. *id.*, n° 3.

Il n'est pas indispensable de désigner la personne volée. — Cass. 6 juin 1845 (Affenaer). V. *id.*, n° 11.

On peut comprendre dans une seule question la soustraction de plusieurs objets si elle a été commise au même moment, dans le même lieu et à l'aide des mêmes moyens. — Cass. 20 avril 1838 (Vidal). 15 mai 1840 (Sajaleli).

Mais il faudrait poser des questions distinctes si le vol, quoique commis dans le même lieu, au même moment et au préjudice de la même personne, présentait des caractères légaux différents; par exemple, si tel objet avait pu être volé sans effraction, tel autre au contraire avec effraction. — Cass. 27 mars 1845 (Benforti).

Est complexe une question qui comprend plusieurs faits distincts de vol au préjudice de personnes différentes. — Cass. 21 juin 1838 (Locoux). V. art. 337 C. i. cr., n° 207.

Les diverses soustractions frauduleuses commises successivement dans un intervalle de temps déterminé au préjudice de la même personne et à l'aide des mêmes moyens peuvent être comprises dans une une seule question, lorsque la date ni l'objet de chacune d'elles ne peuvent être précisés. — Cass. 18 mars 1853 (Roché).

Le président pourrait-il en ce cas décomposer les faits servant de base à l'accusation et leur ôter le caractère successif qui résultait de l'arrêt de renvoi en leur donnant des dates séparées et distinctes? Jugé négativement en matière de vol. — Cass. 3 mars 1853 (Hogel). V. art. 337 C. i. cr., n° 195. — Jugé affirmativement en matière d'attentat à la pudeur. — Cass. 22 déc. 1842 (Marignan). Nous préférons cette dernière solution; la division d'un fait complexe ne le dénature pas.

Dans une accusation de vol, le président peut poser la question de complicité par recel comme résultant des débats. — Cass. 7 avril 1840 (Payan). V. art. 338 C. i. cr., n° 82.

Dans une accusation de vol d'argent, le président peut ajouter une question sur un vol de marchandises lorsqu'il s'agit du même fait de vol, la qualité de l'objet volé n'étant pas une circonstance du fait principal. — Cass. 4 sept. 1812 (Lafont). V. *id.*, n° 78.

Dans une accusation de vol qualifié, le président peut poser, comme résultant des débats, une question sur les actes de barbarie exercés dans la perpétration du vol. — Cass. 9 février 1816 (Simonin). V. *id.*, n° 76.

Circonstances :

Ce vol a-t-il été commis pendant la nuit?

A-t-il été commis par l'accusé conjointement avec une ou plusieurs autres personnes?

A-t-il été commis dans une maison habitée ou servant à l'habitation, ou dans une dépendance de maison habitée, ou dans un édifice consacré à un culte légalement établi en France?

Nota. Le président n'est pas tenu d'interroger le jury sur les circonstances constitutives de la dépendance d'une maison habitée. — Cass. 1er août 1851 (Huet). V. art. 337 C. i. cr., n° 112.

Est complexe la question qui comprend à la fois le fait principal de vol et la circonstance de maison habitée. — Cass. 3 juin 1864 (Laigle).

Mais on peut comprendre dans la même question la circonstance que le vol a été commis par plusieurs et celle qu'il a été commis dans un édifice consacré à un culte, ces deux éléments d'aggravation concourant ensemble pour former une seule et même circonstance aggravante. — Cass. 30 juin 1853 (Martin). V. art. 337 C. i. cr., n° 184.

S'il y a plusieurs coauteurs, il n'est pas nécessaire de poser sur les circonstances aggravantes autant de questions qu'il y a d'accusés. Après avoir posé à l'égard de chacun d'eux une question distincte sur le fait principal, il suffit d'ajouter une seule série de questions sur chacune des circonstances aggravantes. — Cass. 19 mai 1856 (Hamon).

A-t-il été commis à l'aide d'effraction dans une maison?

A-t-il été commis à l'aide d'escalade?

A-t-il été commis dans une maison en passant par une ouverture souterraine autre que celle établie pour servir d'entrée?

A-t-il été commis à l'aide de fausses clefs dans une maison?

Nota. Le président n'est pas tenu d'interroger le jury sur les éléments constitutifs de la circonstance de l'escalade. — Cass. 26 mars 1812 (Laporche). V. sous l'art. 384 C. pén., nos 23, 24.

Mais il peut demander si, pour entrer dans la maison, l'accusé a passé par-dessus un mur, s'il s'est servi d'une clef autre que celle destinée par le propriétaire à l'ouverture du meuble ou de la porte. — Cass. 24 mars 1854 (Gaubert).

Il ne doit pas se borner à l'interroger sur l'effraction ou l'usage de fausse clef. Il doit lui demander par la même question si l'effraction, l'usage de la fausse clef a eu lieu dans une maison, un édifice. — Cass. 27 nov. 1856 (Clavé), 25 fév. 1847 (Lebeau), 19 avril 1860 (Marti), 12 sept. 1861 (Ben Aouda). V. sous l'art. 384 C. pén., n° 7.

Au contraire, la circonstance que le vol a été commis à l'aide de l'escalade suffit. L'escalade suppose que le vol a été commis dans un lieu clos. — Cass., ch. réun., 7 juin 1831 (Barre), 29 mai 1856 (Casenoke). V. *id.*, n° 18.

Le fait que le vol à l'aide de fausse clef ou d'effraction a été commis dans un édifice, formant un élément essentiel de cette circonstance, ne peut en être détaché pour être réuni à la question sur le fait principal. — Cass. 11 avril 1851 (Biaggi), 9 avril 1857 (Delamarre). V. art. 384 C. pén., n° 14. — Il y aurait en ce cas vice de complexité. — Cass. 27 nov. 1852 (Arnaud). V. *id.*, n° 9.

Il ne suffirait même pas qu'il fît l'objet d'une question distincte, car si le jury répondait négativement sur cette question, sa déclaration, affirmative sur l'effraction, la fausse clef, serait inopérante, rien ne constatant le lieu clos. — V. *id.*

Il n'est pas nécessaire de spécifier si l'effraction a été extérieure ou intérieure. — Cass. 8 mai 1812 (Ketting). V. *id.*, n° 22, — sauf dans le cas prévu par l'art. 381 C. pén.

Les ballots, caisses ci-dessus spécifiés sous toile et cordes ont-ils été soustraits frauduleusement dans une maison?

Ou : La malle *ou* le meuble ci-dessus spécifié fermé à clef, a-t-il été soustrait frauduleusement dans une maison?

Nota. Cette circonstance doit faire l'objet d'une question distincte; elle ne peut être réunie au fait principal de vol. — Cass. 15 déc. 1833 (Merdoy). V. sous l'art. 396 C. pén., n° 14.

La question si la boîte enlevée était *fermée* est insuffisante pour constater l'effraction; on doit demander si elle était fermée à clef. — Cass. 9 mars 1860 (Aufrère). V. *id.*, n° 16; — ou de toute autre manière qui oblige à un *forcement* pour l'ouvrir; par exemple, avec des clous.

L'accusé *ou* l'un des accusés était-il, au moment du vol, porteur d'armes apparentes *ou* cachées?

Ont-ils commis le vol avec violence?

Cette violence a-t-elle laissé des traces de blessures ou de contusions?

Ont-ils commis le vol avec menace de faire usage de leurs armes?

Nota. Dans une accusation de vol à l'aide de violences, le président peut détacher de la question principale, pour en faire une question spéciale, le fait de coups et blessures volontaires. — Cass. 10 déc. 1836 (Pierrard), 24 déc. 1863 (Savary). V. art. 338 C. i. cr., n° 77.

Pour commettre ce vol, l'accusé a-t-il pris le titre *ou* s'est-il revêtu de l'uniforme de *tel* fonctionnaire, *ou* a-t-il allégué un faux ordre de *telle* autorité?

Nota. Toutes ces circonstances doivent faire l'objet de questions distinctes.

Cette soustraction frauduleuse a-t-elle été commise sur un chemin public?

Nota. C'est au jury qu'il appartient de décider si le vol a été commis sur un chemin public. — Cass. 18 juillet 1844 (Sallot). V. sous l'art. 383 C. pén., n° 2.

A l'époque de cette soustraction, l'accusé était-il domestique *ou* homme de service à gages du sieur ...?

Cette soustraction a-t-elle été commise dans la maison du sieur ..., dont l'accusé était alors domestique et chez qui la personne volée se trouvait?

A-t-elle été commise dans la maison du sieur ..., où l'accusé accompagnait le sieur A..., dont il était alors domestique?

A-t-elle été commise dans la maison, l'atelier ou le magasin du sieur ..., dont l'accusé était alors l'ouvrier, le compagnon *ou* l'apprenti?

L'accusé, à cette époque, travaillait-il habituellement dans l'habitation où il a volé?

Nota. La circonstance que le vol a été commis dans la maison, l'atelier ou le magasin du maître, étant constitutive de la circonstance aggravante résultant de la qualité d'ouvrier, ne peut en être séparée pour être reliée au fait principal de vol. Il y aurait vice de complexité. — Cass. 13 juin 1860 (Viard), 1er juin 1863 (Tournu).

Le président peut, dans une accusation de vol domestique, poser comme subsidiaire la question d'abus de confiance. — Cass. 9 mars 1843 (Bayssé). V. art. 338 C. i. cr., n° 79.

Les objets volés étaient-ils confiés à l'accusé en sa qualité d'aubergiste, d'hôtelier, de voiturier, de batelier *ou* de préposé d'un aubergiste, ...?

Nota. Il n'y a pas lieu de poser une question sur les circonstances d'effraction, de chemin public, de nuit, etc., qui ne sont pas aggravantes de ce crime. — Cass. 2 févr. 1815 (Clerc), 18 mai 1843 (Lamirault). V. sous l'art. 386 C. pén., n°s 80 et suiv.

V. les formules de la chambre d'accusation, article 386.

Art. 400. Extorsion de signatures, d'écrits.

N... est-il coupable d'avoir, le ..., extorqué par force, violence ou contrainte, la signature de X... sur *telle* pièce contenant ou opérant obligation *ou* décharge?

Ou : d'avoir, le ..., extorqué par force, violence ou contrainte, la remise de *telle* pièce contenant ou opérant obligation *ou* décharge?

Nota. La violence, la fraude ou la contrainte, étant des circonstances constitutives et non aggravantes du crime d'extorsion de signature, doivent être soumises au jury par une seule question avec le fait principal. — Cass. 19 août 1852 (Pinault). V. sous l'art. 400 C. pén., n°s 4, 5.

Le président peut poser, comme résultant des débats, une question spéciale de coups et blessures volontaires ou de menaces avec ordre ou sous condition, ces faits étant implicitement compris dans l'accusation. — Cass. 19 juin 1845 (Allauzen). V. art. 337 C. i. cr., n° 71.

La cour est tenue, sur les conclusions prises devant elle, de poser au jury la circonstance de fait relative à l'état et à la nature des pièces extorquées; par exemple, si elles sont restées à l'état de blanc seing. — Cass. 19 juin 1845, art. 339 C. i. cr., n° 66.

Art. 402. Banqueroute frauduleuse et simple.

Fait principal :

N... est-il coupable d'avoir, le ..., étant commerçant failli, soustrait ses livres?

... détourné ou dissimulé une partie de son actif?

Ou : de s'être, *soit* dans ses écritures, *soit* par des actes publics *ou* des engagements sous signatures privées, *soit* par son bilan, frauduleusement reconnu débiteur de sommes qu'il ne devait pas?

Circonstance :

L'accusé était-il agent de change *ou* courtier? (V. les formules de la chambre d'accusation.)

Nota. On doit demander au jury si l'accusé était commerçant failli. — Cass. 22 sept. 1864 (Hirtz). V. sous l'art. 402 C. pén., n° 34. — Il ne suffit pas qu'il soit déclaré *failli*. — Cass. 4 mai 1842 (Dupuy).

La qualité de commerçant failli, étant constitutive du crime, ne peut être l'objet d'une question distincte et séparée; elle doit être comprise dans la question principale. — Cass. 30 août 1849 (Testart). V. *id.*, n° 42.

Lorsque la qualité de commerçant failli a été attribuée à l'auteur principal, il n'est pas nécessaire qu'elle soit reproduite dans la question relative au complice, qui s'y réfère nécessairement. — Cass. 19 févr. 1859 (Mariani). V. sous l'art. 337 C. i. cr., n° 98.

On doit soumettre au jury les faits qui caractérisent la banqueroute frauduleuse ou simple; on ne peut se borner à lui poser la question : si l'accusé est banqueroutier frauduleux. — Cass. 1er août 1835 (Trabucco). V. art. 402 C. pén., n° 51.

Le caractère frauduleux des détournements et dissimulations n'a pas besoin d'être expressément énoncé; il ressort de la qualification donnée au fait et du mot *coupable*. — Cass. 15 juin 1866 (Renoux). V. *id.*, n° 53.

Il n'est pas nécessaire de spécifier de quoi se composent les valeurs détournées ou dissimulées. — Cass. 16 janv. 1840 (Maignien). V. art. 402 C. pén., n° 46.

Ni d'indiquer le nom du créancier fictif alors qu'il n'a pu rester inconnu. — Cass. 18 mars 1826 (Dennemont). V. *id.*, n° 47.

On peut présenter d'une manière alternative la question de savoir si l'accusé a *détourné* ou *dissimulé*. — Cass. 13 janv. 1854 (Hugues); s'il a *soustrait* ou *détourné* une partie de son actif. — Cass. 26 mai 1838 (Sabalé). V. art. 337 C. i. cr., n° 144. — Mais serait irrégulière la question de savoir s'il a *détourné ou dissipé*, cette dernière alternative ne pouvant constituer le crime de banqueroute frauduleuse. — Cass. 13 janv. 1854 (Hugues). V. sous l'art. 402 C. p., n° 45.

Si l'accusé est une femme, il n'est pas nécessaire que le jury soit interrogé sur l'autorisation qu'elle aurait reçue de son mari pour faire le commerce. — Cass. 7 mars 1828 (Cauchy), 20 mars 1856 (Mercier). V. *id.*, n°s 14, 15.

Questions résultant des débats. — Une question subsidiaire de complicité de la banqueroute imputée à la femme n'est pas posée régulièrement à l'égard du mari accusé aussi de banqueroute, si elle n'établit pas en termes explicites qu'il s'agit, dans un cas comme dans l'autre, du même commerce et de la même faillite. — Cass. 27 janv. 1865 (Parry).

Le jury peut être interrogé sur divers chefs du crime de banqueroute frauduleuse non compris dans l'acte d'accusation, s'ils résultent des débats. — Cass. 10 août 1815. V. sous l'art. 338 C. i. cr., n° 72.

Dans une accusation de complicité de banqueroute frauduleuse, le président peut poser la question subsidiaire d'abus de confiance si cet abus de confiance a entraîné la dissimulation de l'actif. — Cass. 7 juin 1845 (Bosldès). V. *id.*, n°s 73, 74.

Mais il ne peut, dans une accusation de banqueroute frauduleuse, poser, comme résultant des débats, la question de savoir si l'accusé a tenu une maison de prêts sur gages. — Cass. 24 mai 1819 (Girard), ni une question d'escroquerie. — Cass. 30 juin 1826 (Demery). V. art. 338 C. i. cr., n° 105.

N... est-il coupable d'avoir, le ..., dans l'intérêt de A..., commerçant failli, soustrait, recélé ou dissimulé tout ou partie de *ses biens*? (Article 593 C. comm.)

Nota. La question peut être posée dans les termes alternatifs ci-dessus, sans qu'il y ait complexité. — Cass. 9 fév. 1850 (Bocher).

Elle doit comprendre, à peine de nullité, les mots : *dans l'intérêt du failli.* — Cass. 13 janv. 1854 (Hugues). V. sous l'art. 403 C. pén., n° 7.

Elle doit également énoncer que celui au profit duquel a eu lieu le détournement était *commerçant failli.* — Cass. 4 mai 1842 (Dupuy). V. *id.*, n° 8.

Mais, au cas où il s'agit de la complicité définie par l'article 60 du Code pénal, il n'est pas nécessaire que la question au jury énonce que le détournement a eu lieu dans l'intérêt du failli. — Cass. 21 déc. 1854 (Foillogt). V. *id.*, n° 11.

N... est-il coupable d'avoir, le ..., frauduleusement présenté dans la faillite de X... et affirmé, *soit* en son nom, *soit* par interposition de personnes, des créances supposées? (Art. 593 C. comm.)

Nota. Il n'est pas nécessaire, dans le cas ci-dessus, d'énoncer dans la question ni la qualité de commerçant failli, ni que l'accusé a agi dans l'intérêt du failli. Il suffit qu'il y ait faillite constatée. — Cass. 19 nov. 1859 (Bedouné). V. sous l'art. 403, n° 12.

L'*affirmation* de la créance doit être énoncée à peine de nullité. — Cass. 13 mars 1851 (Boutin). V. *id.*, n° 15.

Sur la complicité de banqueroute frauduleuse, V. les formules ci-dessus, art. 60.

N... est-il coupable d'avoir, le ..., étant commerçant failli, fait des dépenses personnelles ou de maison excessives, consommé de fortes sommes...? (Art. 585 C. comm.) (V. les formules de la chambre d'accusation.)

Nota. Dans une accusation de banqueroute simple résultant de la vente de marchandises au-dessous du cours, le président peut ajouter une question relative à l'irrégularité de la tenue des livres, si elle résulte des débats. — Cass. 12 sept. 1833 (Bossens). V. sous l'art. 338 C. i. cr., n° 75.

Art. 408. Abus de confiance.

Fait principal :

N... est-il coupable d'avoir, le ..., détourné ou dissipé, au préjudice de X..., qui en était propriétaire, possesseur *ou* détenteur, une somme d'argent *ou tels* effets de commerce *ou telle* marchandise (*en indiquer la nature*) qui ne lui avaient été remis qu'à titre de louage *ou* de dépôt, *ou* de mandat... *ou* pour un travail salarié *ou* non salarié, à la charge de les rendre ou représenter *ou* d'en faire un emploi déterminé?

Circonstance :

L'accusé était-il homme de service à gages, domestique, élève, commis, clerc, ouvrier, compagnon *ou* apprenti de X...?

Nota. On peut comprendre dans la question divers détournements commis au préjudice de la même personne, dans une limite de temps déterminée, si les époques n'en peuvent être précisées et si d'ailleurs la question ainsi posée est conforme à l'arrêt de renvoi. — Cass. 18 mars 1853 (Roche), 8 nov. 1860 (Decolange). V. sous l'art. 337 C. i. cr., n° 195.

Ainsi on peut demander si l'accusé est coupable d'avoir, à diverses reprises, en telle année...

L'élément de la fraude résulte suffisamment du mot détournement. — Cass. 12 janv. 1855 (Latapie).

Lorsqu'il s'agit d'écrits, la question doit spécifier s'ils contenaient obligation ou décharge. — Cass. 21 avril 1840 (Ducourroy).

Il suffit d'énoncer que des meubles ont été détournés; il n'est pas nécessaire de les indiquer avec détail. — Cass. 18 juillet 1862 (Meunier).

La qualité de serviteur à gages, étant aggravante, doit faire l'objet d'une question distincte. — Cass. 1er déc. 1854 (Leroux). V. sous l'art. 408 C. pén., n° 205.

Art. 434. Incendie.

ÉDIFICES, BOIS, RÉCOLTES, ETC., APPARTENANT À AUTRUI.

Fait principal :

X... est-il coupable d'avoir, le ..., volontairement mis le feu à une maison *ou* à tel édifice appartenant à X...?

Circonstances :

Cette maison *ou* cet édifice était-il habité, destiné à l'habitation *ou* dépendant d'une maison habitée?

Cet incendie a-t-il occasionné la mort de ..., se trouvant dans les lieux incendiés au moment où il a éclaté?

Fait principal :

N..., est-il coupable d'avoir, le ..., volontairement mis le feu à des forêts, à des bois taillis *ou* à des récoltes sur pied appartenant à autrui?

Nota. Le fait de la volonté doit être, à peine de nullité, compris dans la question. — Cass. 13 juin 1850 (Gaubert). V. sous l'art. 434 C. pén., n° 1.

On doit demander au jury si l'édifice incendié appartient à autrui. — En ce cas, la circonstance de maison habitée, étant aggravante, doit faire l'objet d'une question distincte. — Cass. 7 juin 1860 (Douty), 13 avril 1866 (Girault). V. *id.*, n°s 10, 11.

Ces deux circonstances que la maison appartient à autrui et qu'elle est habitée sont l'une et l'autre constitutives d'un fait qualifié crime, et doivent faire l'objet de deux questions distinctes. — Cass. 21 juin 1860 (Villard). V. *id.*, n° 12.

ÉDIFICES, BOIS, RÉCOLTES APPARTENANT A L'ACCUSÉ.

N... est-il coupable d'avoir, le ..., en mettant le feu à une maison *ou* à *tel* édifice (*ou* à des forêts, bois taillis, récoltes sur pied), etc. lui appartenant, mais assurés à *telle* compagnie, volontairement causé un préjudice à autrui?

Si la maison était habitée, on pose une seconde question :

N... est-il coupable d'avoir, le ..., volontairement mis le feu à une maison habitée lui appartenant?

Nota. La question doit faire mention de la propriété du bâtiment, même lorsqu'il est habité, et du préjudice que l'incendie a pu causer. — Cass. 13 janv. 1860 (Devergie). — Ces mentions sont nécessaires pour le cas où la circonstance de l'habitation serait écartée. — Cass. 28 janv. 1841 (Camboulives). V. sous l'art. 434 C. pén., n°s 16, 17, 18.

Lorsque la maison incendiée, appartenant à l'accusé, était assurée et servait à l'habitation, ces deux circonstances sont constitutives de deux crimes distincts qui doivent faire l'objet de deux questions distinctes. — Cass. 29 sept. 1854 (Holvoek), 15 mars 1866 (Collard). V. *id.*, n° 18.

Dans ce cas, la circonstance que le feu a été mis par l'accusé à sa maison assurée constitue le fait principal, et celle que sa maison servait à l'habitation constitue une circonstance aggravante. — Cass. 27 août 1847 (Gojon). V. *id.*, n° 19.

Mais si la maison appartenant à l'accusé n'est pas assurée, et si l'incendie n'a pas causé préjudice à autrui, la circonstance de maison habitée est constitutive du crime et non aggravante; elle doit être réunie au fait principal. — Cass. 13 janv. 1860 (Devergie). V. *id.*, n° 13.

En ce cas, la question doit être ainsi posée :

N..., est-il coupable d'avoir, le ..., volontairement mis le feu à une maison habitée lui appartenant?

Lorsque le bâtiment incendié appartient indivisément à l'accusé et à sa femme, le président peut interroger le jury sur ce fait principal, sans le diviser, et lui poser ensuite une seconde question sur le point de savoir si le bâtiment était habité. — Cass. 12 août 1858 (Perdriset). V. *id.*, n° 20. — Ou s'il était assuré. — Cass. 20 avril 1839 (Jourdan). V. *id.*, n° 50.

Lorsque les deux accusés sont copropriétaires de la maison incendiée, il n'y a pas lieu de poser séparément au jury la circonstance que la maison était habitée; elle est constitutive du crime d'incendie. — Cass. 23 sept. 1852 (Maigret).

Le préjudice est suffisamment constaté lorsqu'il est déclaré : soit que les bâtiments incendiés étaient assurés par une compagnie. — Cass. 24 sept. 1857 (Simonnet). — Soit que l'accusé avait voulu priver son vendeur du privilège que la loi lui accorde. — Cass. 7 janv. 1826 (Tranchant). — Soit que le bâtiment incendié était grevé d'hypothèques. — V. sous l'art. 434 C. pén., n°s 45 et suiv.

Il n'est pas nécessaire de demander au jury si l'accusé avait eu l'intention de toucher le prix de l'assurance. — Cass. 23 avril 1829 (Equilbey). V. *id.*, n° 48.

Est entachée du vice de complexité la question qui comprend à la fois l'incendie de la chose d'autrui et l'incendie de sa propre chose, ou l'incendie direct et l'incendie par communication. — Cass. 30 nov. 1848 (Nicolas). — Qui comprend l'incendie de plusieurs bâtiments distincts. — V. le formulaire de la chambre d'accusation.

Cependant n'est pas nulle pour vice de complexité la question de savoir si l'accusé a volontairement incendié un édifice assuré appartenant à ses père et mère. — Cass. 7 août 1852 (Pousset). — V. sous l'art. 434 C. pén., n° 39.

Lorsque le propriétaire fait mettre le feu à sa propre maison par un tiers, il se rend complice de ce tiers; mais celui-ci est l'auteur principal non d'un crime d'incendie d'une maison appartenant à autrui, puisque le propriétaire, par son concours et par son consentement exprès, l'a substitué à lui-même relativement au droit de propriété dont s'agit, mais d'un crime d'incendie dont tout l'élément est dans le préjudice causé à la compagnie qui a assuré la maison.

On doit donc demander au jury si le tiers, en mettant le feu, sur la provocation et avec le consentement de N..., à la maison appartenant à ce dernier, a causé volontairement un préjudice à ladite compagnie, et on doit lui demander ensuite si N... s'est rendu complice de ce crime par l'emploi des trois moyens de complicité prévus par les paragraphes 1 et 3 de l'art. 60 C. pénal. — Cass. 15 nov. 1862 (Raynaud). *B. cr.*, 3 sept. 1863 (Labatut). *B. cr.*

Questions résultant des débats. Dans une accusation d'incendie d'un édifice habité, on peut poser au jury, comme résultant des débats, les questions de propriété d'autrui et de préjudice à autrui. — Cass. 7 août 1852 (Pousset). V. sous l'art. 338 C. i. cr., n° 62.

Dans une accusation d'incendie direct, le président peut poser, comme résultant des débats, la question d'incendie par communication. — Cass. 24 sept. 1847 (Cossenet). V. *id.*, n° 61.

INCENDIE DE RÉCOLTES ABATTUES.

N... est-il coupable d'avoir, le ..., volontairement mis le feu à des récoltes en tas *ou* en meules, *ou* à des bois disposés en tas *ou* en stères, appartenant à autrui?

... d'avoir, le ..., en mettant le feu à des récoltes en tas *ou* en meules, *ou* à des bois disposés en tas *ou* en stères, à lui-même appartenant, mais qui étaient assurés par *telle* compagnie, causé volontairement un préjudice à ladite compagnie? (V. les formules de la chambre d'accusation.)

Nota. La question si le feu a été mis à une meule

de blé constate suffisamment que le blé était à l'état de récolte. — Cass. 30 juin 1853 (Damois). V. sous l'art. 434 C. pén., n° 59.

INCENDIE PAR COMMUNICATION.

Fait principal :

N... est-il coupable d'avoir, le ..., en mettant volontairement le feu à des objets *ou* à un bâtiment placés de manière à le transmettre, communiqué l'incendie à *tel* édifice appartenant à autrui ?

Circonstance :

Cet édifice était-il habité ? (V. les formules de la chambre d'accusation.)

Nota. La circonstance que l'incendie a été communiqué à un édifice, étant constitutive du crime d'incendie par communication, ne peut être soumise au jury comme aggravante, à peine de nullité. — Cass. 3 juin 1846 (Dubois). V. sous l'art. 434 C. pén., n° 73.

Mais la circonstance que la maison qui a subi cette communication était habitée, étant aggravante, doit faire l'objet d'une question distincte. — Cass. 16 août 1849 (Barré). V. *id.*, n° 75.

Si les objets servant à communiquer l'incendie sont un édifice, des récoltes ou autres objets énumérés dans les paragraphes précédents, il y a deux crimes qui exigent deux questions distinctes. — V. *id.*, n° 76.

Cependant, dans une accusation d'incendie mis à des récoltes placées de manière à communiquer l'incendie à un édifice, le président ne peut, sans dénaturer l'accusation, poser deux questions, l'une relative au fait principal d'incendie de récoltes abattues, l'autre relative à la circonstance aggravante que les récoltes étaient placées de manière à communiquer l'incendie à un édifice. — Cass. 9 janv. 1845 (Coudray).

Art. 439. Destruction de titres.

N... est-il coupable d'avoir, le ..., volontairement détruit *ou* brûlé *tel* registre, *tel* acte original, *telle* minute de *telle* autorité, *ou tel* billet, *tel* effet (*le spécifier*) contenant *ou* opérant obligation, disposition *ou* décharge?

Par exemple, un billet à l'ordre de ..., en date du ..., de la somme de ..., portant la signature de X..., lequel est commerçant.

Nota. La circonstance de la volonté doit être énoncée dans la question. — Cass. 28 nov. 1833 (Dieudonné). V. sous l'art. 439 C. pén., n° 1.

Il en est de même de la circonstance que l'écrit contenait obligation. — Cass. 11 mars 1830 (Rigaud). V. *id.*, n° 19.

Le jury doit être interrogé, non sur la qualification légale d'un effet de commerce, mais sur les éléments matériels de commercialité, pour mettre la cour à même de décider en droit s'ils caractérisent l'écriture de commerce. — Cass. 20 août 1846 (Norel). V. *id.*, n° 21.

Art. 440 et suiv. Pillage.

N... est-il coupable d'avoir, le ..., en réunion ou bande et à force ouverte, pillé, dévasté des denrées, marchandises, effets, propriétés mobilières...?

Nota. Le jury doit être interrogé par une seule question sur le fait de pillage et sur les circonstances de réunion et de violence. — Cass. 1er avril 1847 (Michot). V. sous l'art. 440 C. pén., n° 6.

La spécification des objets du pillage n'est pas indispensable. — Cass. 12 avril 1833 (Fallour). V. *id.*, n° 12.

La cour peut poser, comme résultant des débats, la question de recélé des objets pillés. — Cass. 20 déc. 1832 (Pluvinet).

N... a-t-il été entraîné, par des provocations ou sollicitations, à prendre part à ces violences? (Art. 441.)

Nota. Cette circonstance n'est pas une excuse légale ; la cour n'est pas tenue de poser la question au jury. — Cass. 14 déc. 1850 (Lucien). V. sous l'art. 441 C. pén., n° 1.

N... est-il coupable d'avoir, le ..., été le chef, l'instigateur *ou* le provocateur du pillage *ou* dégât de grains, grenailles, farines..., commis *tel* jour, en réunion ou bande et à force ouverte? (Art. 442.)

Nota. Le fait d'instigation et de provocation constitue un fait principal, et non une circonstance aggravante, du crime réprimé par l'article 440. La question doit donc comprendre cumulativement tous les caractères constitutifs posés par l'art. 442. — Cass. 13 mai 1847 (Arnoncet). V. sous l'art. 442 C. pén., n° 1.

TABLEAU

D'UNE AUDIENCE DE LA COUR D'ASSISES.

AUDIENCE PUBLIQUE.

Le président dit :

« L'audience est ouverte. »

Constitution du jury de la session.

« Messieurs les jurés, on va procéder à l'appel « général de MM. les jurés : chacun voudra bien ré- « pondre à l'appel de son nom ; *présent*. Ceux qui « auront des excuses à faire valoir les exposeront à la « cour après l'appel, et la cour statuera sur la validité « de ces excuses. »

« Greffier, faites l'appel de MM. les jurés. »

« La parole est à M. le procureur général. »

Examen des excuses des jurés.

La cour statue sur les excuses présentées par les jurés, ainsi que sur les absences, les incapacités, les incompatibilités, les erreurs dans la désignation des jurés, par arrêts motivés, le ministère public entendu. (V. ci-après les formules de ces arrêts.)

Dans le cas où le nombre des jurés titulaires et supplémentaires, par suite d'absence ou toute autre cause, est inférieur à trente, la cour tire au sort en audience publique le nombre de jurés nécessaire parmi les jurés inscrits sur la liste spéciale. La présence de l'accusé n'est pas nécessaire. (V. ci-après la formule de l'arrêt.)

« L'audience est suspendue. »

CHAMBRE DU CONSEIL.

Tirage du jury de jugement.

« Accusé, vos nom et prénoms, lieu de naissance, « domicile. » *On lui nomme un interprète, s'il y a lieu.*

« Greffier, faites l'appel de MM. les jurés. »

Au fur et à mesure qu'un juré répond : présent, son nom est mis dans l'urne. (Art. 399 C. i. cr.)

« Accusé, je vais procéder au tirage du jury qui « doit connaître de votre affaire ; vous avez le droit, « concurremment avec le ministère public et en « nombre égal (1), de récuser ceux de MM. les jurés « que vous ne voudriez pas avoir pour juges, jusqu'à « ce qu'il n'en reste plus dans l'urne que le nombre « nécessaire pour compléter les douze jurés qui doi- « vent former le jury de jugement. » (Art. 399, 400, 401.)

Tirage du jury.

Réappel des jurés. (Avertir les jurés des dernières affaires à juger qu'ils aient à ne pas s'éloigner au delà d'un certain temps.)

La cour rentre à l'audience.

AUDIENCE PUBLIQUE.

« L'audience est reprise. »

« Accusé, levez-vous. Quels sont vos nom, pré- « noms, âge, lieu de naissance, profession, domi- « cile ? (Art. 310.)

« Asseyez-vous. »

« Défenseur, je vous rappelle que vous ne pouvez « rien dire contre votre conscience ou contre le res- « pect dû aux lois, et que vous devez vous exprimer « avec décence et modération. » (Art. 311.)

« Messieurs les jurés, veuillez vous lever.

« La cour va recevoir votre serment.

« Vous jurez et promettez devant Dieu et devant « les hommes d'examiner avec l'attention la plus scru- « puleuse les charges qui seront portées contre X... ;

« De ne trahir ni les intérêts de l'accusé ni ceux de « la société qui l'accuse ;

« De ne communiquer avec personne jusqu'après « votre déclaration ;

« De n'écouter ni la haine ou la méchanceté ni la « crainte ou l'affection ;

« De vous décider d'après les charges et les moyens « de défense suivant votre conscience et votre intime « conviction, avec l'impartialité et la fermeté qui con- « viennent à un homme probe et libre. » (Art. 312.)

Chacun des jurés, à l'appel de son nom, la main droite levée, dit : Je le jure.

« Veuillez vous asseoir. »

(Ici le huis clos peut être ordonné. On peut l'ordonner seulement après la lecture de l'arrêt de renvoi et de l'acte d'accusation. (V. la formule infrà.)

« Accusé, soyez attentif à ce que vous allez en- « tendre. » (Art. 313.)

(1) S'il y a plusieurs accusés, le président ajoute : « De con- « cert ou séparément, dans le rang que le sort réglera entre eux. » (Art. 402 et 403.)

« Greffier, donnez lecture de l'arrêt de renvoi et » de l'acte d'accusation. » (Art. 313.)

« N..., vous êtes accusé de....

« Vous allez entendre les charges qui seront pro- » duites contre vous. » (Art. 314.)

Exposé du procureur général. (Art. 315.)

« Greffier, donnez lecture de la liste des témoins. » (Art. 315.) — *Les témoins doivent répondre à l'appel de leurs noms.*

« Huissier, faites retirer les témoins. » (Art. 316.)

Interrogatoire de l'accusé.

Audition de la partie civile (s'il y en a une).

« Huissier, faites entrer le premier témoin. »

Les témoins sont entendus dans l'ordre prescrit par l'art. 321.

« Témoin, vos nom, prénoms, âge, profession, » domicile.

« Connaissiez-vous l'accusé avant le fait à raison » duquel il est poursuivi?

« Êtes-vous son parent ou son allié, ou le parent et allié de la partie civile (*s'il y en a une*)? A quel degré?

« Êtes-vous attaché à son service ou au service de » la partie civile (*s'il y en a une*)?

« Levez la main droite : Vous jurez de parler sans » haine et sans crainte, de dire toute la vérité, rien » que la vérité? » (*Certains témoins ne prêtent pas serment; tels sont ceux entendus en vertu du pouvoir discrétionnaire, les enfants au-dessous de quinze ans, etc. Le président déclare qu'ils sont entendus à titre de renseignements.*)

« Faites votre déposition. » (Art. 317.)

Après la déposition, on représente au témoin les pièces à conviction, s'il y a lieu. (Art. 329.)

« Témoin, est-ce de l'accusé ici présent que vous » avez entendu parler? » (Art. 319.)

« Accusé, avez-vous quelque chose à répondre à » ce qui a été dit? » (Art. 319.)

« Monsieur le procureur général et messieurs les » jurés ont-ils des questions à adresser au témoin? » (Art. 319.)

« Témoin, allez vous asseoir, mais restez dans l'au- » ditoire. » (Art. 320.)

Après l'audition des témoins.

« L'avocat de la partie civile a la parole. » (*S'il y a partie civile.*)

« Monsieur le procureur général a la parole. » (Art. 335.)

« Le défenseur de l'accusé a la parole. » (Art. 335.)

« Accusé, avez-vous quelque chose à ajouter à votre défense? » (Art. 335.)

« Les débats sont terminés. » (Art. 335.)
Ici le huis clos cesse, s'il a été ordonné.

Résumé. (Art. 336.) (1).

Lecture des questions.

En remettant les questions au jury, le président dit :

« Messieurs les jurés,

» Le vote du jury doit avoir lieu au scrutin secret.

» La déclaration du jury contre l'accusé se forme » à la majorité tant sur le fait principal que sur cha- » cune des circonstances aggravantes (et des ques- » tions d'excuse).

» La majorité doit toujours être de sept voix au » moins contre cinq.

» La déclaration du jury constate cette majorité, » sans que le nombre de voix puisse être exprimé au- » trement que par cette simple formule : oui à la » majorité (ou non à la majorité sur les questions » d'excuse).

» Toute réponse négative en faveur de l'accusé se » formule par cette simple expression : non.

» Toute réponse négative sur un fait principal dis- » pense de statuer sur les circonstances aggravantes.

» Si vous pensiez à la majorité qu'il existe des cir- » constances atténuantes en faveur d'un ou de plu- » sieurs des accusés reconnus coupables par vous, » vous devez en faire la déclaration en ces termes : » à la majorité, il y a des circonstances atténuantes » en faveur de l'accusé ou de tel accusé. S'il n'y » a pas de majorité pour admettre les circonstances » atténuantes, votre déclaration doit garder le silence » sur ces circonstances.

» Nous joignons aux questions les pièces qui doi- » vent vous être remises. » (Art. 341.)

« Huissier, conduisez MM. les jurés dans la chambre » de leur délibération. »

« Gendarmes, faites retirer l'accusé. » (Art. 341.)

---

(1) Le résumé est une œuvre utile et [illegible] à l'administration d'une bonne justice. La loi n'a pas voulu laisser le jury, au moment où il va délibérer, sous l'impression d'un débat passionné; elle a sagement voulu qu'une parole grave et impartiale, dépouillant les faits de tous [illegible], ramenât l'esprit des jurés à une appréciation plus calme et plus froide des moyens présentés de part et d'autre. La tâche du président est délicate; il doit tenir la balance égale entre l'accusation et la défense, et il doit chercher autant que possible à contenir l'expression de sa conviction personnelle, à réprimer les mouvements de sa conscience. Le vœu de la loi n'est pas rempli lorsque le président se fait l'auxiliaire de l'accusation ou de la défense. Toutefois, si la loi prescrit au président de faire remarquer aux jurés les principales preuves pour ou contre l'accusé, elle ne dit pas que son résumé se borne à une simple analyse des moyens produits de part et d'autre; pour l'entier accomplissement de son devoir, le président doit porter son attention sur tout le débat; il doit relever les omissions et suppléer ainsi à l'insuffisance de l'organe du ministère public comme à celle du défenseur. Il suffit que les arguments nouveaux qu'il présente ressortent des débats. Mais il lui est interdit de produire des faits étrangers ou des pièces nouvelles qui n'ont pas été discutées; il devrait en ce cas rouvrir les débats. Enfin, son résumé doit être bref et succinct; il ne doit présenter que les éléments essentiels de l'affaire; il doit élaguer tout ce qui est inutile à la décision du jury; il doit faciliter sa délibération et non fatiguer son attention.

« L'audience est suspendue. »

Le jury fait prévenir que la délibération est terminée.

« L'audience est reprise. »

« Monsieur le chef du jury, veuillez nous dire quel » est le résultat de la délibération du jury. » (Art. 348.)

Après qu'elle a été lue, la déclaration du jury est signée par le chef, puis remise au président, qui la signe et la fait signer par le greffier, après avoir vérifié avec soin si elle est régulière dans sa forme. (Art. 349.)

« Faites rentrer l'accusé. » (Art. 357.)

« Greffier, donnez lecture de la déclaration du » jury. » (Art. 357.)

« Monsieur le procureur général a la parole. » (Art. 362.) (*Si l'accusé est déclaré coupable.*)

« Le défenseur de l'accusé et l'accusé ont-ils des » observations à faire sur l'application de la peine? » (Art. 363.)

En cas d'acquittement, ordonnance par le président.

Vu la déclaration du jury portant que A... n'est pas coupable,

En vertu des pouvoirs qui nous sont conférés par la loi, nous le déclarons acquitté de l'accusation et ordonnons qu'il sera mis en liberté, s'il n'est retenu pour autre cause. (Art. 358.)

La cour ordonne la restitution des objets saisis (les indiquer) à N..., leur propriétaire. (C'est la cour et non le président qui ordonne cette restitution, même en l'absence de toute partie civile. Art. 366.)

Arrêt qui condamne un accusé acquitté à des restitutions et dommages-intérêts envers la partie civile.

La cour statuant sur les conclusions de F..., partie civile, après avoir entendu...

Considérant que, si des réponses négatives du jury aux questions qui lui étaient posées il résulte que G... n'est pas coupable du crime dont il était accusé, ces réponses ne portent que sur la culpabilité et non sur la matérialité des faits; qu'il demeure établi aux débats (*en préciser le fait*) que ce fait a causé à la partie civile un préjudice qu'il y a lieu de réparer; que la cour a les éléments nécessaires pour apprécier ce préjudice,

Condamne G..., par corps, à payer à F..., partie civile, et à titre de restitution ou de dommages-intérêts, la somme de ...;

Et, statuant sur les réquisitions de l'avocat général, en ce qui concerne F..., partie civile:

Considérant qu'aux termes de l'article 368 du Code d'instruction criminelle, la partie civile qui succombe doit être condamnée aux frais envers l'État, que G..., à l'égard duquel ledit F... avait pris la qualité de partie civile, a été acquitté de l'accusation portée contre lui;

Condamne F..., partie civile, aux frais envers l'État, liquidés à ...;

Condamne G... par corps à payer à F... le montant desdits frais à titre de supplément de dommages-intérêts;

Fixe à ... la durée de la contrainte par corps.

Arrêt d'absolution.

Vu la déclaration du jury portant que:

Ouï le procureur général dans ses réquisitions et l'accusé dans ses moyens de défense,

Après en avoir délibéré,

Considérant que le fait déclaré constant par le jury n'est pas punissable, ou ne renferme pas les caractères constitutifs d'un crime; *ou* considérant que la peine est prescrite; *ou* considérant que l'accusé a été reconnu avoir agi sans discernement,

Le déclare absous de l'accusation portée contre lui, ordonne qu'il soit mis en liberté, s'il n'est retenu pour autre cause; le condamne aux dépens. (Art. 364.) *La condamnation aux dépens est prononcée seulement lorsque le fait de sa nature était punissable ou préjudiciable. (V. notes sous l'art. 368 C. i. cr.)*

Arrêt de condamnation.

La cour,

Vu la déclaration du jury,

Ouï M. le procureur général en ses réquisitions pour l'application de la loi, l'accusé et son défenseur en leurs observations et conclusions,

Après en avoir délibéré,

Considérant que le fait déclaré constant par le jury constitue le crime prévu par les articles... du Code pénal, ainsi conçus .... et dont lecture est donnée par le président.

Si des circonstances atténuantes ont été reconnues, on ajoute:

Considérant néanmoins que le jury a déclaré les circonstances atténuantes en faveur de A..., et qu'il y a lieu d'appliquer l'article 463 du Code pénal,

Condamne A... à la peine de ...

Le condamne aux frais du procès;

Ordonne que les objets saisis (les indiquer) seront restitués à N..., leur propriétaire, après que la condamnation sera devenue définitive;

Ordonne que le présent arrêt sera exécuté à la diligence du procureur général. (Art. 369.)

En matière de faux, s'il y a un grand nombre de questions, on peut, pour abréger, rédiger ainsi l'arrêt:

Considérant que les réponses du jury sur les questions n° 1 au n° ... constituent le crime de faux par altération d'écriture ou par falsification de conventions... en écriture authentique ou de commerce ou privée,

Prévu par l'article ... Code pén., etc.

Arrêt qui condamne l'accusé déclaré coupable à des restitutions et dommages-intérêts envers la partie civile.

Et statuant sur les conclusions de F..., partie civile;

Considérant que le fait déclaré constant par le verdict du jury a porté préjudice à F...;

Que la cour a les éléments nécessaires pour apprécier ce préjudice;

Condamne ledit A..., par corps, à payer au sieur F..., à titre de dommages-intérêts, la somme de ...;

Fixe à ... la durée de la contrainte par corps;

Condamne A... aux dépens envers l'État, et aux frais du procès, liquidés à ...

« Condamné, vous avez trois jours francs pour vous « pourvoir en cassation contre l'arrêt que vous venez « d'entendre. » (Art. 371.)

Le président peut faire ici une exhortation au condamné. (Art. 371.)

« Faites retirer le condamné. »

« L'audience est levée. »

INCIDENTS DIVERS.

Récidive.

Considérant que l'accusé, ayant été condamné déjà à... (indiquer la date et la nature de la condamnation), peine afflictive ou infamante, se trouve dans le cas de récidive prévu par l'article 56 du Code pénal.

Ou bien, si les circonstances aggravantes ont été écartées et si le fait est réduit à un simple délit : Considérant que l'accusé, ayant déjà été condamné à ..., se trouve dans le cas de récidive prévu par l'article 57 *ou* par l'article 58 C. pén. ...

Conviction de plusieurs crimes et délits.

Considérant qu'aux termes de l'article 365 du Code d'instruction criminelle, en cas de conviction de plusieurs crimes ou délits, la peine la plus forte doit être seule prononcée ...

Confusion des peines.

La cour dit que la peine portée au présent arrêt contre A... se confondra avec celle déjà prononcée contre lui par arrêt de ..., mais seulement en ce qui concerne le reste de la peine qu'il avait à subir.

Mineur de seize ans ayant agi sans discernement.

Vu l'article 66 du Code pénal;

Vu la déclaration du jury, de laquelle il résulte que l'accusé mineur de seize ans, déclaré coupable, a agi sans discernement,

Acquitte ledit ***, et ordonne qu'il sera remis à sa famille *ou* qu'il sera conduit dans une maison de correction pour y être élevé et détenu jusqu'à l'époque où il aura accompli sa vingtième année;

Le condamne aux dépens.

Accusé âgé de soixante ans condamné aux travaux forcés.

Considérant que X... est âgé de soixante ans accomplis au moment du jugement; que la peine des travaux forcés par lui encourue doit être remplacée par celle de la réclusion, aux termes de l'article 5 de la loi du 30 mai 1854,

Le condamne à ... de réclusion.

S'il est chevalier de la Légion d'honneur ou médaillé.

Le président, en cas de condamnation à une peine infamante, prononce la formule suivante : « Vous « avez manqué à l'honneur, je déclare au nom de la « Légion que vous avez cessé d'en être membre. » (Art. 43, décret du 16 mars 1852.)

Ou bien, s'il est décoré d'une médaille militaire ou autre : « Vous avez manqué à l'honneur, je dé- « clare que vous cessez d'être décoré de la médaille « militaire, de la médaille de Sainte-Hélène, de « Crimée, d'Italie, etc. » (Décr. des 24 nov. 1852, 26 fév. 1855, 24 oct. 1859.)

Arrêt d'identité.

Entre X..., présent à la barre de la cour, libre et seulement accompagné de gardes, et pour ce extrait de la maison de justice et assisté de M..., son avocat, d'une part;

Et M. le procureur général près la cour, d'autre part;

A l'audience publique de ce jour, les témoins étant dans une chambre séparée de l'audience;

Ouï pour le procureur général M..., en son exposition des faits de la cause et dans ses réquisitions tendantes à ce qu'il soit procédé à l'audition des témoins cités à la requête du ministère public;

Ouï X... en ses réponses aux interpellations du président;

Ouï, après qu'ils ont prêté le serment prescrit par l'article 317 du Code d'instruction criminelle et rempli toutes les autres formalités exigées par ledit article, les témoins ci-après, successivement appelés de leur chambre et introduits dans l'auditoire séparément l'un de l'autre.

1° ... (Écrire les déclarations des témoins.)

Ouï M. l'avocat général qui, après sa discussion, a conclu à ce qu'il plût à la cour déclarer qu'il y a identité entre ...;

Ouï Me ...,

La cour, après avoir délibéré,

Attendu qu'il résulte... que le nommé..., présent à la barre, est bien le nommé ..., condamné par contumace, sous les noms de ..., par la cour d'assises le ...;

Vu les articles 518 et 519 du Code d'instruction criminelle, dont lecture a été faite par le président et ainsi conçus ...,

Déclare qu'il y a identité entre l'individu présent à la barre et le condamné repris ...,

Et pour le jugement au fond du procès,

Renvoie l'affaire à l'une des plus prochaines sessions;

Et vu l'article 368 du Code d'instruction criminelle, condamne envers l'État ledit ... aux frais, liquidés à ...

Arrêt de non-identité.

Considérant qu'il résulte des pièces du procès et des dépositions des témoins entendus à l'audience de ce jour que M..., présent à la barre, n'est pas le nommé M..., condamné par contumace par la cour d'assises de la Seine le ...,

Déclare qu'il n'y a pas identité entre M..., ici présent, et le condamné M...,

Ordonne que M... sera sur-le-champ mis en liberté, s'il n'est retenu pour autre cause.

Ou bien : Considérant que de tous les témoins cités, aucun n'a pu être retrouvé, et que dès lors il n'est pas suffisamment établi qu'il y ait identité entre M..., présent à la barre, et le nommé X..., condamné par contumace à ..., le ..., par ladite cour d'assises,

Déclare qu'il n'y a point quant à présent identité entre ledit M... et le condamné X..,

Ordonne en conséquence que ledit M... sera mis en liberté sur-le-champ, s'il n'est retenu pour autre cause.

PROCÈS-VERBAUX ET ARRÊTS INCIDENTS.

PROCÈS-VERBAL D'OUVERTURE DE LA SESSION.

Audience publique.

Aujourd'hui *tel jour*, heure ...,

La cour d'assises, composée de M. ..., président, et de MM. ..., assesseurs, M. ..., avocat général, et M. ..., greffier, s'est assemblée publiquement au palais de justice de ...

Le président a déclaré la session ouverte.

Le greffier a fait l'appel des jurés inscrits sur la liste de service de la session.

Ensuite l'avocat général a fait des réquisitions tendantes à ce qu'il plaise à la cour statuer sur les excuses des ci-après nommés ...,

Tous appelés à remplir les fonctions de jurés pendant la première quinzaine de ce mois *ou* pendant la présente session,

La cour, après avoir examiné les pièces produites et en avoir délibéré.

Juré absent. — En ce qui touche le sieur A...,

Considérant qu'il est établi qu'il était absent au moment où la signification lui a été faite, mais que cette absence ne doit être que momentanée,

Ordonne que son nom sera retiré de la liste des jurés de la présente session;

Ordonne cependant qu'il sera rétabli dans l'urne pour qu'il soit compris dans un prochain tirage du jury.

Juré inscrit dans un autre département. — En ce qui touche le sieur B...,

Considérant qu'il justifie qu'il est depuis plusieurs années inscrit sur la liste du jury du département de ...,

Ordonne que le nom de B... sera retiré de la liste des jurés du département de la Seine, et qu'extrait du présent arrêt, en ce qui le concerne, sera adressé au préfet de ce département.

Juré illettré. — En ce qui touche le sieur C...,

Considérant que ce juré ne sait ni lire ni écrire, *ou* qu'il est domestique, serviteur ...,

Ordonne que son nom sera rayé de la liste des jurés (sans ordonner qu'il sera rétabli dans l'urne de la liste générale).

Juré indigent. — En ce qui touche le sieur D...,

Considérant que ce juré a besoin de son travail quotidien pour subvenir à ses besoins,

Ordonne que son nom sera rayé de la liste du jury et qu'extrait du présent arrêt, en ce qui le concerne, sera adressé au préfet.

Juré malade. — En ce qui touche le sieur E...,

Considérant que du certificat régulier produit dans l'intérêt du sieur E... il résulte que E... est dans l'impossibilité de remplir les fonctions de juré pendant le cours de la présente session,

Ordonne que son nom sera retiré de la liste des jurés de la présente session;

Ordonne cependant que son nom sera transmis au premier président pour être par lui rétabli dans l'urne, afin qu'il soit compris dans les tirages ultérieurs du jury.

Juré empêché. — En ce qui touche le sieur F...,

Considérant qu'il est établi que F... est dans l'impossibilité de siéger comme juré pendant quelques jours,

Déclare F... excusé jusqu'à tel jour inclusivement.

Juré ayant déjà rempli ces fonctions. — En ce qui touche le sieur G...,

Considérant qu'il est justifié que ce juré a rempli les fonctions de juré en..., qu'aux termes de la loi sont excusés ceux qui ont rempli les fonctions de juré pendant l'année courante et l'année précédente,

Déclare G... excusé pendant la présente session.

Juré inexactement désigné. — En ce qui touche le sieur H...,

Considérant que ce juré fait remarquer que son nom a été mal écrit; que la notification lui a été faite sous le nom de H..., tandis que son nom est...; qu'il est important de rectifier cette erreur,

Dit que le nom de ce juré ne sera pas compris dans le tirage de ce jour,

Ordonne la rectification du nom de H... sur la liste du jury à notifier aux accusés.

Individu comparaissant pour un autre. — En ce qui touche le sieur I...,

Considérant qu'il résulte des documents produits que I..., qui se présente sur la citation à lui donnée pour siéger comme juré, a pour prénoms Martial-Philibert, qu'il est pharmacien et né en 1805; qu'au contraire le juré appelé par la voie du sort à faire partie du jury actuel a pour prénom Nicolas, qu'il est rentier et qu'il est né en 1806;

Qu'il n'y a donc pas identité entre le sieur I..., qui comparaît sur la citation, et le sieur I..., juré désigné, qui n'a pas été touché par la notification,

Dit que I... comparant ne siégera pas dans la présente session.

Juré exerçant des fonctions incompatibles. — En ce qui touche le sieur J...,

Considérant qu'il est établi que J... est en ce moment juge au tribunal de commerce et se trouve dans l'un des cas d'incompatibilité prévus par l'article 3 de la loi du 4 juin 1853,

Déclare J... excusé pour la présente session et ordonne que son nom sera remis dans l'urne pour concourir à des tirages ultérieurs, s'il y échet.

Juré n'ayant pas l'âge. — En ce qui touche K...,

Considérant qu'il justifie être né le..., qu'ainsi il n'a pas trente ans révolus, et que par conséquent, aux termes de l'article 1er, loi du 4 juin 1853 sur le jury, il ne peut remplir les fonctions de juré,

Le déclare dispensé des fonctions de juré, ordonne qu'extrait du présent arrêt sera transmis au préfet.

Juré septuagénaire. — En ce qui touche L...,

Considérant que des pièces produites il appert qu'il est âgé de soixante-dix ans; qu'aux termes de l'article 5 de la loi du 4 juin 1853, il doit être dispensé des fonctions de juré,

Le déclare dispensé... *comme ci-dessus.*

Juré absent sans motif. — Considérant que la liste des jurés a été notifiée au sieur M... à son domicile, à..., parlant à sa personne; que ce juré ne comparaît pas et qu'il n'a fait parvenir aucune excuse légitime de son absence; vu l'article 396 du Code d'instruction criminelle, dont lecture a été faite par le président,

Condamne le juré M... à cinq cents francs d'amende et aux frais,

Ordonne que son nom sera transmis au premier président de la cour pour être remis dans l'urne et soumis aux tirages ultérieurs.

Si le juré se présente ultérieurement :

Considérant qu'il résulte d'un certificat régulier de médecin que M... était, le ..., dans un état de maladie qui ne lui permettait pas de se présenter devant la cour, et qu'il a besoin de quelques jours encore avant de pouvoir remplir ses fonctions de juré,

Relève le sieur M... de l'amende prononcée contre lui le... par la cour d'assises;

Ordonne que M... reprendra ses fonctions de juré le...

Fait et prononcé les jour, mois et an susdits...

TIRAGE DE JURÉS SUPPLÉMENTAIRES. — ARRÊT ET PROCÈS-VERBAL.

Considérant que, par suite des excuses admises par la cour, les jurés titulaires et supplémentaires réunis ne se trouvent plus présents qu'au nombre de vingt et un,

La cour ordonne que, par le président, il soit immédiatement procédé, en audience publique et conformément aux dispositions de l'article 393 du Code d'instruction criminelle, ensemble l'article 18 de la loi du 4 juin 1853 sur le jury, à un tirage supplémentaire et par la voie du sort pour compléter le nombre de trente, nombre indispensable pour la formation des divers jurys de jugement pendant le cours de la présente session. Fait et prononcé...

Et à l'instant même, séance tenante, et l'audience étant toujours publique, M. le président fait apporter l'urne des jurés supplémentaires, laquelle avait été scellée lors du dernier tirage, et contenant les noms appartenant exclusivement à des habitants de la ville de Paris, chef-lieu judiciaire du département de la Seine. Il a été reconnu que la bande de papier scellée était saine et entière, ainsi que les sceau et signatures dont elle était revêtue et qui y avaient été apposés lors du dernier tirage.

Après avoir agité l'urne pour mêler les bulletins qui y étaient contenus, M. le président a rompu le scellé et a extrait successivement de ladite urne vingt noms. Ces noms ont été par lui proclamés au fur et à mesure de leur sortie de l'urne et sans aucune opposition de la part du procureur général.

Le greffier a immédiatement dressé la liste de ces noms désignés par le sort, en suivant l'ordre du tirage. Cette liste a été composée comme il suit :

1° ...; 2° ...; 3° ..., etc.

L'opération du tirage étant terminée, M. le président a remis dans l'urne les bulletins portant les noms susdits, ce service ne devant pas être compté aux jurés y dénommés, d'après la loi. Il a clos l'urne avec une bande de papier blanc, sur laquelle a été apposé le sceau de la cour d'assises avec de la cire ardente, et qu'il a signée, ainsi que le greffier, *ne varietur.*

M. le président a ordonné aux huissiers de la cour de citer à comparaître à l'heure même à l'audience de la cour d'assises de Paris, 1° ..., 2° ..., 3° ..., et ainsi de suite, mais en suivant toujours l'ordre du tirage jusqu'à ce que les neuf jurés nécessaires pour compléter le nombre de trente soient trouvés et régulièrement cités.

Les sieurs ... s'étant présentés les premiers devant la cour, leurs noms ont été immédiatement placés sur la liste du jury de la présente session et ont ainsi complété le nombre de trente jurés exigé par la loi pour la formation des divers jurys de jugement, à partir de ce jour jusqu'à la fin de la session.

De tout quoi il a été dressé le présent procès-verbal, qui a été signé par le président et le greffier.

ADJONCTION DE DEUX JURÉS SUPPLÉANTS ET D'UN ASSESSEUR. — ARRÊT ET PROCÈS-VERBAL.

L'an 18.., le..., heure de..., M. le président de la cour d'assises du département de..., MM..., conseillers, M..., avocat général, et M..., greffier, se sont rendus dans la salle d'audience de ladite cour d'assises. Les portes de l'auditoire étant ouvertes et l'audience étant publique, M. le président a annoncé que l'audience était ouverte, et il a été procédé ainsi qu'il suit :

M. l'avocat général a exposé que, les débats de l'affaire du nommé... étant de nature à occuper plusieurs audiences, il requérait qu'il plût à la cour, aux termes de l'article 394 du Code d'instruction criminelle et de l'article 4 de la loi du 25 brumaire an VIII, adjoindre deux jurés suppléants aux douze jurés qui devaient composer le jury de jugement et un conseiller assesseur à ceux composant la cour d'assises, et a signé.

La cour a délibéré et M. le président a prononcé l'arrêt suivant :

La cour, ouï le ministère public;

Vu les articles 4 de la loi du 25 brumaire an VIII

et 394 du Code d'instruction criminelle, lesquels sont ainsi conçus...; considérant que le procès actuel est de nature à entraîner de longs débats;

Usant de la faculté accordée par lesdits articles,

Ordonne qu'outre les douze jurés composant le jury de jugement, il sera tiré les noms de deux jurés suppléants qui assisteront à tous les débats pour remplacer, le cas échéant, celui ou ceux des douze jurés titulaires qui, avant la déclaration définitive du jury, se trouveraient empêchés;

Ordonne en outre que M..., conseiller, assistera pareillement aux débats pour remplacer celui de ces messieurs qui, pendant le cours du procès, se trouverait légitimement empêché;

Et ont signé M. le président et le greffier;

Et de suite, la cour composée comme il a été dit, M. l'avocat général et le greffier se sont réunis dans la chambre du conseil, à l'effet de procéder au tirage du jury.

Nota. Cet arrêt peut être rendu en chambre du conseil avant le tirage du jury de jugement et en l'absence de l'accusé. — Cass. 13 janv. 1853 (Rigaut). Cass. 11 fév. 1860 (Gruet). V. sous l'art. 394 C. i. cr., n° 12. *Codes crim.*

PROCÈS-VERBAL DU TIRAGE DES JURÉS.

COUR D'ASSISES DU DÉPARTEMENT DE ...

Chambre du conseil.

L'an 186., le ..., heure de...,

M..., président de la cour d'assises du département de..., MM..., conseillers assesseurs, M..., substitut du procureur général, et M..., greffier d'audience, se sont réunis dans la chambre du conseil de ladite cour, à l'effet de procéder au tirage des jurés appelés à prononcer dans le procès de N...

Les jurés de la session ont été introduits dans ladite chambre du conseil, ainsi que l'accusé, libre, assisté de son défenseur.

L'accusé ayant déclaré qu'il ne parlait pas la langue française, M. le président lui a de suite nommé d'office le sieur..., âgé de..., demeurant à..., interprète allemand, à l'effet de traduire les paroles à transmettre à l'accusé, ainsi que les réponses de celui-ci. M. l'avocat général, l'accusé et son conseil n'ayant pas récusé cet interprète, M. le président lui a fait prêter serment dans la forme et dans les termes prescrits par l'article 332 du Code d'instruction criminelle; et de suite, par l'organe dudit interprète, M. le président a constaté l'identité de l'accusé.

Le greffier a fait l'appel des jurés de la présente session non excusés et non dispensés; le nom de chaque juré répondant à l'appel a été mis dans une urne par M. le président, et attendu que, nonobstant les excuses admises par la cour, les jurés titulaires étaient encore présents au nombre de trente, les jurés supplémentaires n'ont pris aucune part au tirage des jurés.

M. le président a fait connaître à l'accusé, par l'organe de l'interprète, les droits de récusation qui lui étaient conférés, ainsi qu'à M. l'avocat général, par les articles 399, 400 et 401 du Code d'instruction criminelle. (S'il y a plusieurs accusés, on les avertit qu'ils peuvent se concerter pour exercer leurs récusations ou les exercer séparément.) Aucune observation n'ayant eu lieu de la part des parties, M. le président a agité dans l'urne les trente bulletins portant les noms des jurés présents, et a tiré au sort les noms des douze jurés devant former le jury de jugement.

Par l'événement du tirage, deux récusations ayant été exercées par l'accusé et deux par le ministère public, ce jury a été composé de MM... (indiquer les noms des douze jurés).

Et ont signé M. le président et le greffier.

Si des jurés supplémentaires sont appelés pour former le nombre de trente, on met ce qui suit:

Et attendu que, par suite des excuses admises par la cour, les jurés titulaires n'étaient présents qu'au nombre de vingt-huit, M. le président a mis dans l'urne les noms des deux premiers jurés supplémentaires pour former le nombre de trente exigé par la loi; les deux autres jurés supplémentaires n'ont pris aucune part au tirage des jurés. M. le président a prévenu l'accusé...

Si des jurés ont été appelés par suite d'un tirage extraordinaire, on constate ce qui suit:

Et attendu que, par suite des excuses admises par arrêt du..., en faveur des sieurs..., le nombre des jurés titulaires et supplémentaires réunis s'est trouvé réduit à..., M. le président, après en avoir averti l'accusé, a jeté dans l'urne les noms des sieurs..., appelés par le sort à compléter le nombre de trente exigé par la loi, ainsi que cela est constaté au procès-verbal de tirage des jurés complémentaires, dont extrait sera joint aux pièces; puis M. le président a fait connaître à l'accusé ses droits de récusation...

Si un juré absent se présente, on constate ainsi la retraite d'un des jurés complémentaires:

Mais attendu que, par suite des excuses admises par la cour et par suite de l'absence du sieur B..., juré titulaire, à l'égard duquel la cour a sursis à statuer, les jurés titulaires et supplémentaires réunis n'étaient plus présents qu'au nombre de vingt, M. le président, conformément aux dispositions de l'article 18 de la loi du 4 juin 1853 sur le jury, a procédé en audience publique du 1er de ce mois à un tirage au sort de dix bulletins portant les noms des sieurs..., ainsi que cela est établi par un procès-verbal dont extrait est joint aux pièces de ce procès; mais le sieur B... s'étant rendu à son poste le ... de ce mois, et les jurés titulaires et supplémentaires et les neuf jurés complémentaires formant le nombre de trente, le sieur..., dixième juré complémentaire, n'a pas pris part au tirage du jury.

Si les accusés déclarent ne pas vouloir se concerter, on met:

Les accusés ayant déclaré ne pas vouloir se concerter, M. le président les a prévenus que le sort réglerait entre eux le rang dans lequel ils feront les récusations. A l'instant, le greffier a écrit deux bulletins portant l'un le nom de A..., l'autre le nom de B... Ces bulletins ont été mis dans une urne. Par l'événement du tirage opéré par M. le président, le premier rang a été assigné à B...

PROCÈS-VERBAL DES DÉBATS.

Et ledit jour, la cour, composée comme il a été dit ci-dessus (*si un assesseur suppléant a été nommé, on ajoute :* et M..., conseiller, appelé comme juge suppléant en cas d'empêchement légitime de l'un de MM...), M. l'avocat général et le greffier se sont rendus dans la salle d'audience de la cour d'assises, où était présent et libre l'accusé N..., assisté de son défenseur (et de l'interprète qui lui a été nommé, *s'il y a lieu*).

Les douze premiers jurés ci-dessus nommés se sont placés dans l'ordre désigné par le sort sur des siéges séparés du public, des témoins, de M. l'avocat général, et en face du banc de l'accusé. (Les deux jurés suppléants se sont également placés dans l'ordre désigné par le sort sur des siéges séparés des autres jurés, du public, des témoins, de l'avocat général, et de même en face du banc des accusés.) Les portes de l'audience étant ouvertes et le public étant dans l'auditoire, il a été procédé comme il suit :

M. le président a demandé (*ou, s'il y a lieu*, a chargé l'interprète de demander) à l'accusé ses nom, prénoms, âge, profession, lieu de naissance et demeure (ce qui a eu lieu immédiatement). L'accusé (par l'organe de son interprète), a répondu : Je me nomme ..., âgé de ..., profession de ..., né à ..., demeurant à ...

M. le président a rappelé au défenseur les dispositions de l'article 311 du Code d'instruction criminelle. Il a lu aux jurés, debout et découverts, la formule du serment contenue en l'article 312 du même Code; chacun des douze jurés et des deux jurés suppléants, appelé successivement par M. le président, a répondu en levant la main : *Je le jure.* M. le président a prévenu l'accusé (par l'organe de l'interprète) d'être attentif à ce qu'il allait entendre lire, et le greffier a lu à haute voix l'arrêt de renvoi et l'acte d'accusation; après quoi M. le président a rappelé à l'accusé (par l'organe de l'interprète), ce qui est contenu audit acte d'accusation, et lui a dit (avec l'assistance de l'interprète) : « Voilà de quoi vous « êtes accusé, vous allez entendre les charges qui « seront produites contre vous. » Le greffier a lu à haute voix la liste des témoins assignés présentée par le procureur général. Ces témoins ont été conduits dans une chambre séparée de l'audience, à l'exception du sieur G..., qui n'a pas comparu, et à l'égard duquel aucune observation n'a été faite. *Ou bien :* L'huissier de service a annoncé à la cour que le témoin X..., malade, ne se présentait pas. Aucune observation n'ayant été faite de la part des parties relativement à l'absence de ce témoin, il a été passé outre aux débats.

M. le président a procédé à l'examen de l'accusé (avec l'aide de l'interprète); après quoi tous les témoins présents ont été appelés successivement de leur chambre et introduits dans l'auditoire, où ils ont été entendus oralement, après avoir prêté serment dans la forme et dans les termes prescrits par l'article 317 du Code d'instruction criminelle.

Après chaque déposition de témoin, les dispositions de l'article 319 du même Code ont encore été observées à l'égard de tous lesdits témoins, de l'accusé (aidé de son interprète) et de son conseil.

Pendant le cours des débats, M. le président a fait représenter aux témoins et à l'accusé les pièces servant à conviction, en les interpellant de s'expliquer sur lesdites pièces. Les témoins et l'accusé (par l'organe de son interprète) se sont expliqués.

Pendant le cours des débats, M. le président, en vertu de son pouvoir discrétionnaire, a donné lecture de *tel certificat*, de *telle* lettre, *ou a* entendu *telles* personnes qu'il a fait appeler à l'audience. Il a averti les jurés que ces lectures *ou* ces déclarations n'étaient données qu'à titre de renseignement, et sur l'interpellation de M. le président, l'accusé et son défenseur ont fait leurs observations.

M. l'avocat général a développé les charges de l'accusation. (M. le président a chargé l'interprète de traduire à l'accusé les dernières paroles de M. l'avocat général, qui requérait la condamnation dudit accusé, ce qui a eu lieu.)

Le défenseur a présenté les moyens de défense de l'accusé. M. le président a demandé à l'accusé (par l'organe de l'interprète) s'il avait quelque chose à ajouter pour sa défense, et l'accusé (aidé de l'interprète) a été entendu le dernier.

M. le président a prononcé que les débats étaient terminés. Il a résumé l'affaire; il a fait remarquer aux jurés les principales preuves pour ou contre l'accusé et leur a rappelé les fonctions qu'ils avaient à remplir. Il a posé les questions conformément au résumé de l'acte d'accusation. Il les a lues à haute voix. Il a également posé une question résultant des débats, l'a lue à haute voix (et l'a fait traduire à l'accusé par l'interprète). Il les a ensuite remises aux jurés avec ledit acte d'accusation et les pièces du procès autres que les déclarations écrites des témoins. Il a rappelé aux jurés et leur a expliqué toutes les dispositions des articles 341 et 347 du Code d'instruction criminelle.

Les douze jurés sont entrés dans leur chambre. (Les deux jurés suppléants ont été conduits dans une autre chambre séparée, de manière à éviter toute communication avec les douze jurés.)

M. le président, après avoir donné l'ordre prescrit par l'article 343 du Code d'instruction criminelle, a fait retirer l'accusé de l'audience.

Les douze jurés étant rentrés dans l'auditoire, ils y ont repris leurs places, et l'audience étant toujours publique, le chef du jury, après avoir rempli toutes les formalités exigées par l'article 348 dudit Code, a lu la déclaration du jury. Cette déclaration, signée par le chef du jury et par lui remise à M. le président, en présence des onze autres jurés, a de suite été signée par M. le président et le greffier. M. le président a fait comparaître l'accusé, et le greffier a lu à haute voix la déclaration du jury.

(Les fonctions de M..., conseiller, étant terminées, ce magistrat s'est retiré.)

(M. le président a chargé l'interprète de traduire à l'accusé la déclaration du jury, ce qui a eu lieu.) M. l'avocat général a requis l'application de la loi pénale. (M. le président a chargé l'interprète de traduire à l'accusé les réquisitions de M. l'avocat général, ce qui a eu lieu.) M. le président a demandé à l'accusé (par l'organe de l'interprète) s'il avait quelque chose à ajouter pour sa défense ou à dire sur l'application de la peine. L'accusé n'a rien répondu, mais son défenseur l'a recommandé à l'humanité des magistrats. La cour a de suite délibéré. M. le président a lu le texte de la loi. Il a prononcé à l'accusé son arrêt de condamnation (et il a chargé l'interprète de lui traduire cet arrêt, ce qui a eu lieu). Et de suite, M. le président a averti l'accusé (par l'organe de l'interprète) qu'il avait trois jours francs pour se pourvoir en cassation contre ledit arrêt de condamnation.

Et ont signé M. le président et le greffier.

Nota. Si la cour rend un arrêt incident, le procès-verbal des débats doit constater que le conseiller suppléant n'a point pris part à la délibération.

SUITE DU PROCÈS-VERBAL DES DÉBATS. — INCIDENTS D'AUDIENCE.

Huis clos. — Après la lecture de l'arrêt de renvoi *ou même* après le serment des jurés, la cour ordonne le huis clos.

La cour, ouï M. l'avocat général en ses conclusions ;

Vu l'article 81 de la constitution de 1848 ;

Considérant que la publicité de l'audience serait dangereuse pour l'ordre et pour les mœurs,

Ordonne que les débats auront lieu à huis clos.

En conséquence de l'arrêt ci-dessus, le public et toutes les personnes étrangères à l'affaire dont il s'agit se sont retirés et les portes de l'audience ont été closes.

Après les mots : M. le président a prononcé que les débats étaient terminés, *mettre* : et l'audience a été rendue publique.

Nota. Tous les arrêts incidents doivent être rendus en audience publique. Le procès-verbal doit donc constater qu'avant de rendre l'arrêt le président a fait ouvrir les portes et que l'audience est devenue publique. Après l'arrêt, il doit constater que l'affaire a été reprise à huis clos.

Constitution de partie civile. — Après l'appel des témoins, le sieur ...., par l'organe de M..., avocat, a demandé qu'il plût à la cour le recevoir partie civile intervenante au procès dont il s'agit et lui en donner acte.

La cour, après avoir entendu M. l'avocat général, l'accusé et son conseil, a de suite délibéré, et M. le président a prononcé l'arrêt suivant :

Considérant qu'aux termes de l'article 3 du Code d'instruction criminelle, l'action civile peut être poursuivie en même temps et devant les mêmes juges que l'action publique,

Reçoit ... partie civile intervenante au procès et lui donne acte de son intervention.

Arrêt sur l'opposition à la constitution de la partie civile. — Considérant que toute personne qui se prétend lésée par un crime peut, aux termes de l'article 3 du Code d'instruction criminelle, se constituer partie civile ; que ce droit peut être exercé jusqu'à la clôture des débats et qu'une pareille déclaration ne préjuge rien ;

Sans s'arrêter aux conclusions prises au nom de l'accusé, la cour reçoit ... partie civile.

Audition de la partie civile. — A d'abord été entendu le sieur ...., partie civile au procès, mais sans prestation de serment, attendu sa qualité de partie civile et attendu que sa déclaration ne devait être considérée que comme renseignement, ce dont les jurés ont été avertis. Après cette déclaration, le président a demandé à l'accusé et à son conseil s'ils avaient des observations à faire.

Témoin défaillant. — Considérant que le témoin X... ne comparaît pas, quoique cité, et qu'il n'a fait parvenir à la cour aucune excuse légitime de sa non-comparution ; vu les art. 355 et 80,

Le condamne à ... ; ordonne (*s'il y a lieu*) qu'il sera amené par la force publique devant la cour pour y être entendu.

La cour, vu l'opposition du témoin X..., en date du ...., à l'exécution de l'arrêt du ..., par lequel ..., considérant que le témoin justifie que ....,

Le reçoit opposant, au fond le décharge de l'amende.

Interprète pour les témoins. — Lorsqu'on entend un témoin ne parlant pas la langue française, le procès-verbal constate ce qui suit : Tel témoin ne parlant pas la langue française, M. le président fait approcher le sieur M..., interprète (indiquer dans quelle langue), par lui nommé d'office. Sur les interpellations du président, l'interprète déclare ses nom, prénoms, âge. M. l'avocat général, l'accusé et son conseil n'ayant point récusé cet interprète, M. le président lui a fait prêter serment dans la forme et dans les termes prescrits par l'article 332 du Code d'instruction criminelle, après quoi le témoin ... a été entendu sous la foi du serment, comme il a été dit plus haut, par l'organe de l'interprète. Après chaque déposition, les dispositions de l'article 319 du même Code ont été observées à l'égard de ce témoin, toujours à l'aide de l'interprète, de l'accusé et de son conseil.

Annulation du serment d'un témoin. — M..., après serment par lui prêté et avant d'avoir déposé, M. le président a de suite averti les jurés que c'était à tort qu'il avait fait prêter serment au témoin M... (indiquer le vice du serment); qu'en conséquence, ils devaient considérer ce serment comme nul et non avenu, et que ce témoin ne serait entendu que par forme de déclaration. Aucune opposition n'ayant été faite par les parties, le sieur M... a été entendu comme il vient d'être dit.

Expert chargé d'une expertise hors l'audience. — Le sieur ... (prénoms, âge) a été appelé conformément à l'ordre donné. M. le président lui a exposé les motifs de la mission qui allait lui être confiée ; ledit sieur... ayant déclaré qu'il acceptait ladite mission, M. le président lui a fait prêter serment dans la forme et dans les termes prescrits par l'article 44 du Code d'instruction criminelle (1), après quoi il l'a chargé de ladite mission pour ensuite être

(1) Si l'expert est nommé non par la cour, mais par le président en vertu de son pouvoir discrétionnaire, il est plus régulier de ne pas lui faire prêter serment.

par lui fait rapport (verbal ou écrit) à l'audience même. Ledit sieur ... s'est retiré de l'audience. Il est rentré dans l'auditoire, et sous la garantie du serment par lui prêté à l'audience du ..., il a déposé sur le bureau son rapport écrit, affirmant ledit rapport sincère et véritable. Le sieur ... a ensuite développé verbalement ledit rapport, après quoi M. l'avocat général, l'accusé et son conseil ont été entendus en leurs observations respectives.

Expert chargé d'une expertise à l'audience même. — Une expertise immédiate ayant été jugée nécessaire, M. le président a fait appeler le sieur ... (nom, prénoms), lui a fait prêter le serment prescrit par l'article 44 du Code d'instruction criminelle, et l'a chargé de se livrer à l'examen demandé pour être ensuite par lui fait rapport verbal à l'audience même. Cet examen ayant eu lieu sans aucun déplacement, le sieur... a fait son rapport verbal et ensuite a répondu à toutes les interpellations qui lui ont été adressées soit par M. le président, soit par M. l'avocat général, soit enfin par l'accusé et son conseil, les parties civiles.

Témoin appelé en vertu du pouvoir discrétionnaire. — Le sieur ..., lequel a fait sa déclaration sans prestation de serment, attendu que sa déclaration ne devait être considérée que comme simple renseignement, ce dont les jurés ont été avertis, mais cependant après avoir rempli les autres formalités prescrites par l'article 317 ..., après chaque déposition ...

Variation dans la déposition d'un témoin. — La déclaration du témoin X..., comparée avec celle par lui faite dans l'instruction écrite, ayant paru contradictoire, le président a ordonné de prendre note de ces variations. Ledit témoin, après avoir prêté le serment prescrit par l'art. 317, a déposé ...

Faux témoignage. — Le témoin ..., cité à la requête du procureur général, ayant déclaré sous la foi du serment que ... (mentionner la déclaration du témoin); la déclaration de ce témoin, comparée avec celles des autres témoins et avec les dires des accusés, ayant paru fausse et mensongère, M. l'avocat général a fait quelques observations qu'il a terminées en disant qu'il requérait qu'il plût à M. le président ordonner que ce témoin fût à l'instant même mis en état d'arrestation pour être ensuite procédé contre lui conformément à la loi, et a signé ... (signature de l'officier du ministère public).

Le président a de suite prononcé l'ordonnance suivante : « Nous, président..., ouï le réquisitoire de « l'avocat général, considérant que la déposition faite « à l'audience de ce jour par ..., sous la foi du serment, comparée avec les dépositions des autres témoins et avec les dires de l'accusé, paraît fausse et « mensongère ;

« Vu l'article 330 du Code d'instruction criminelle, « lequel est ainsi conçu ...;

« Ordonnons que ... soit mis à l'instant même en « état d'arrestation ; commettons M..., membre de la « cour d'assises, à l'effet de procéder à l'interrogatoire « dudit ..., entendre tous témoins qu'il jugera nécessaire et faire tous actes d'instruction qu'il croira « convenable pour être ensuite statué ce qu'il appar- « tiendra. »

Et ont signé M. le président et le greffier.

En conséquence de l'ordonnance ci-dessus, le témoin ... est resté au banc des témoins sous la surveillance de l'huissier de la cour, et les débats ont été continués comme suit ...

Si le président se borne à ordonner que le témoin suspect de faux témoignage sera mis sous la surveillance des gendarmes, le procès-verbal constate ce qui suit : Le président a fait placer sur une banquette au fond de l'auditoire *tel* témoin suspect de faux témoignage, et a donné l'ordre aux gendarmes de le garder à vue jusqu'à la fin des débats. *Le président peut rétracter cet ordre ultérieurement.*

Expulsion d'un accusé de l'audience. Loi du 9 septembre 1835. — L'accusé, par ses clameurs et ses vociférations, ayant mis obstacle au cours régulier de la justice, M. l'avocat général s'est levé et a fait les réquisitions suivantes : « Nous requérons qu'il « plaise à la cour, aux termes de l'article 10 de la « loi du 9 septembre 1835, faire retirer de l'audience « l'accusé ... et le reconduire en prison, où copie lui « sera donnée de notre réquisitoire et des arrêts à « intervenir. »

La cour a délibéré après avoir entendu l'accusé et son conseil (arrêt).

Procès-verbal du greffier de la cour d'assises constatant la lecture faite au condamné du procès-verbal des débats. — L'an ... (indiquer le jour et l'heure), nous soussigné, greffier de la cour d'assises de ..., étant au greffe de la maison de justice, avons fait amener pardevant nous le nommé ..., condamné par arrêt de la cour d'assises de ce jour à ...

Le condamné étant en notre présence, nous l'avons averti qu'en conformité de l'article 9 de la loi du 9 septembre 1835, nous allions lui donner connaissance de la partie du procès-verbal des débats rédigée à partir de son expulsion de l'audience. Et à l'instant nous lui avons donné lecture à haute voix de la susdite partie du procès-verbal.

Nota. Lorsqu'un accusé est expulsé de l'audience, aux termes de l'article 10 de la loi du 9 septembre 1835, ce qui doit toujours avoir lieu en vertu d'un arrêt, le président doit toujours lire au commencement de chaque audience, si l'affaire dure plusieurs jours, le procès-verbal de l'huissier commis pour le sommer d'obéir à justice et constatant son refus d'obéir.

Si l'arrêt qui prononce l'expulsion n'ordonne pas que cette sommation sera faite tous les jours avant l'audience, le président rendra chaque jour une ordonnance dans laquelle il désignera nommément l'huissier commis pour faire cette sommation, et le tout devra être remis chaque jour au président par l'huissier.

Le procès-verbal constatera en ces termes la lecture du procès-verbal de l'huissier :

« M. le président a fait connaître qu'en vertu de son ordonnance de ce jour des sommations avaient été faites à l'accusé ... d'obéir à justice et de comparaître à l'audience de ce jour. Il a donné lecture du procès-verbal de l'huissier par lui commis, duquel il résultait que cet accusé avait refusé d'obéir à justice et de comparaître à l'audience de ce jour; et de suite, après avoir prévenu les jurés qu'ils devaient examiner avec l'attention la plus scrupuleuse les charges et les moyens de défense relatifs à l'accusé.... il a ordonné que, nonobstant l'absence dudit accusé, il serait passé outre aux débats, ce qui a eu lieu ainsi qu'il suit... » (le procès-verbal devra constater la présence du défenseur de l'accusé expulsé).

SUITE. — INCIDENTS CONTENTIEUX.

Acte demandé par l'accusé d'une opinion manifestée par un juré ou d'un fait de communication. — « Le défenseur de l'accusé a lu et déposé des conclusions écrites et signées de lui, lesquelles sont jointes au dossier et qui tendent, par les motifs y exprimés, à ce qu'il plût à la cour donner acte à la défense de ce qu'un des jurés, le dixième, a manifesté son opinion en déclarant que ...., *ou* a communiqué avec *tel* témoin.

Le dixième juré, interpellé par M. le président, a déclaré avoir dit ...., *ou* a affirmé n'avoir fait aucun signe ni proféré aucune parole à l'occasion de la déposition de *tel* témoin.

Le défenseur de l'accusé a lu et déposé des conclusions écrites et signées de lui, lesquelles sont jointes au dossier et tendantes à ce qu'il plût à la cour, par les motifs y exprimés, renvoyer l'affaire à une autre *session*.

M. l'avocat général a été entendu sur ces conclusions.

La cour en a délibéré et M. le président a prononcé l'arrêt suivant :

Considérant que le fait dont il est demandé acte n'est point établi.

Ou. Considérant que la cour n'a point connaissance du fait dont il est demandé acte, déclare qu'il n'y a lieu de donner acte de ce fait. — Cass. 17 nov. 1836 (Emard). V. sous l'art. 372 C. i. cr., n° 54.

Ou : Considérant qu'elle n'a point entendu le propos imputé à l'un des jurés comme ayant été tenu à l'audience. — Cass. 22 mars 1845 (Lagarde). *Id.*, n° 55.

Ou : Considérant que le ministère public avait donné ses réquisitions sur l'application de la peine lorsque le défenseur a posé ses conclusions; qu'il n'a plus que le droit de plaider sur l'application de la peine, rejette ... — Cass. 23 fév. 1832 (David). V. *id.*, n° 57.

Ou : Considérant que les faits de communication allégués postérieurement à l'arrêt de condamnation auraient eu lieu hors de l'audience; que la cour, ne pouvant les vérifier, n'en peut donner acte, rejette... — Cass. 23 nov. 1848 (Noirot). V. *id.*, n° 58.

Ou : Considérant que le juré X..., pendant la déposition du témoin, reconnaît avoir dit ...; considérant qu'il y a eu ainsi de la part de ce juré manifestation d'une opinion sur un des chefs d'accusation; qu'il ne peut dès lors continuer à faire partie du jury de jugement, annule les débats, renvoie l'affaire à une autre session.

S'il y a eu adjonction de jurés suppléants, la cour, au lieu de renvoyer l'affaire à une autre session, dit :

Mais considérant qu'en exécution d'un arrêt de la cour il a été tiré deux jurés suppléants qui ont assisté régulièrement à tous les débats, dit que le sieur ..., dixième juré, cessera de siéger parmi les jurés de jugement, ordonne qu'il sera remplacé par le sieur..., premier juré supplémentaire, dit qu'il n'y a lieu de prononcer le renvoi à une autre session et ordonne qu'il sera passé outre aux débats, et ont signé M. le président et le greffier. En conséquence, ledit sieur..., premier juré suppléant, a pris la place du dixième juré de jugement. — Cass. 19 juillet 1866 (Philippi). *B. cr.*

Acte demandé par l'accusé d'une formalité non accomplie. — Considérant que les souvenirs de la cour ne lui permettent pas de constater que la formalité du serment à prêter par le témoin a été omise; que le procès-verbal des débats établit qu'elle a été accomplie, que la foi qui lui est due ne pourrait être ébranlée par une déclaration faite après coup par le témoin, lorsque les débats étaient clos et le verdict du jury lu à l'audience,

Dit qu'il n'y a lieu de donner acte du fait articulé ni de procéder à une enquête. — Cass. 12 déc. 1851 (Grenon). V. sous l'art. 372 C. i. cr., n° 104.

Ou : Considérant que, d'après les dispositions de l'article 372 du Code d'instruction criminelle, les formalités prescrites par la loi doivent être constatées dans un procès-verbal dressé par le greffier et le président de la cour ...; qu'il n'appartient pas à la cour de donner acte de faits qu'elle n'est point appelée à constater et qui doivent être mentionnés au procès-verbal rédigé par le greffier pendant le cours de la séance, ou sur des notes par lui prises au moment où les faits se sont passés,

Dit qu'il n'y a lieu à donner acte des faits articulés par le défenseur. — Arrêt de la cour d'assises de la Seine, 6 avril 1846. Cass. rejet, 8 mai 1846.

Jurés rappelés de leur chambre. — « Vingt minutes environ après la retraite des jurés dans leur chambre, la cour, M. l'avocat général et le greffier sont rentrés en séance. Sur l'ordre du président, l'accusé a été ramené à l'audience, toujours libre et assisté de son défenseur. L'audience étant toujours publique, le président a exposé que, dans les questions soumises au jury, il avait commis une erreur de date sur la perpétration du crime; qu'il y avait nécessité de rappeler les douze jurés à l'audience, afin de rectifier l'erreur commise, si toutefois les jurés n'avaient point encore commencé leur délibération et si aucune réponse aux questions par lui posées ne se trouvait encore apposée.

M. l'avocat général a fait quelques observations et a terminé en disant qu'il requérait qu'il plût à la cour ordonner la rentrée des jurés à l'audience, afin d'opérer la susdite rectification.

Les défenseurs, par des conclusions posées, se sont opposés à cette rentrée.

La cour, après avoir délibéré, considérant qu'une erreur sur la date ..., que cette erreur doit être rectifiée à l'instant, si d'ailleurs il est reconnu qu'aucune délibération n'a eu lieu jusqu'ici et qu'aucune réponse n'a été écrite par le chef du jury en marge des questions posées,

Ordonne que, par l'un des huissiers de service, le jury sera invité à rentrer dans la salle d'audience et que le chef du jury sera interpellé par le président sur l'état actuel de la délibération des jurés, pour être ensuite procédé ainsi qu'il appartiendra. Et ont signé ...

Conformément à l'arrêt ci-dessus, les douze jurés ont été ramenés dans la salle d'audience et y ont repris leurs places. Le président a demandé au chef du jury si les jurés avaient commencé leur délibération et si aucune réponse n'était encore apposée aux questions à eux soumises. Le chef du jury s'est levé et il a affirmé, sans contradiction de la part d'aucun autre juré, qu'en lisant la première question il s'était aperçu de l'erreur de date commise par le président; que de suite il s'était opposé à toute discussion, qu'aucun vote n'avait encore été émis, et conséquemment qu'aucune réponse n'était encore apposée. Le président s'étant fait représenter lesdites questions et les ayant examinées, il est effectivement résulté de cet examen qu'aucune réponse ne s'y trouvait apposée.

De suite, M. l'avocat général a requis que la rectification fût faite. L'accusé et son défenseur ont été entendus. La cour en a délibéré et le président a prononcé l'arrêt suivant ...

Et ont signé le président et le greffier.

Conformément à l'arrêt ci-dessus, le président a opéré immédiatement ladite rectification par la radiation du mot *août*, qu'il a remplacé par renvoi par le mot *mai*. Après quoi le président a de nouveau lu à haute voix toutes les questions avec la rectification de la date susdite. Il a de nouveau rappelé aux jurés et leur a expliqué les dispositions des articles 341 et 347 du Code d'instruction criminelle ...

Renvoi des jurés dans leur chambre pour rectifier leur réponse. — Considérant qu'en répondant simplement *oui* aux questions relatives à la deuxième circonstance les jurés ne se sont point conformés au vœu de la loi;

Ou bien : Considérant que la question relative au deuxième chef est restée sans réponse; que dès lors la déclaration du jury est incomplète;

Ou bien : Considérant que la réponse du jury à la deuxième question est contradictoire avec celle faite à la première question; que ces deux réponses sont inconciliables (*dire pourquoi*);

Ou : Considérant que la réponse du jury est obscure (*dire pourquoi*) ou qu'elle est irrégulière (*dire pourquoi*),

Ordonne que les douze jurés rentreront dans leur chambre pour rectifier ou régulariser ou compléter leur réponse.

Et de suite les douze jurés ont été reconduits dans leur chambre. Le président a de nouveau donné l'ordre prescrit par l'article 343 précité. Les douze jurés sont rentrés dans l'auditoire et y ont repris leurs places. Le président leur a de nouveau demandé le résultat de leur délibération. Le chef du jury, debout, la main placée sur son cœur, après avoir de nouveau rempli toutes les autres formalités exigées par l'article 348 précité, a lu de nouveau toute la déclaration du jury, complétée sur le ... chef par cette réponse : ...

Annulation de la clôture des débats. — M. le président a prononcé l'ordonnance suivante : « Attendu ... (donner les motifs),

« Annulons l'ordonnance de clôture des débats par nous prononcée. »

Et ont signé le président et le greffier.

RAPPORT DU PRÉSIDENT DES ASSISES.

A la fin de chaque session et dans la quinzaine de la clôture, le président doit adresser à M. le garde des sceaux un rapport dont l'objet et la forme matérielle ont été réglés par les circulaires des 31 décembre 1850 et 26 janvier 1857.

Il doit s'expliquer sur les points suivants :

§ 1er. Composition de la cour d'assises.

§ 2. Liste du jury.

§ 3. Le jury.

§ 4. Travaux statistiques.

§ 5. Renvois à une autre session.

§ 6. Compte rendu des affaires.

§ 7. Recours en grâce.

§ 8. Prisons.

Chacun des sujets généraux du rapport, de même que le compte rendu de chaque affaire, doit avoir sa feuille distincte du même format que la circulaire du 31 déc. 1850.

On doit laisser la moitié de la page en blanc, de manière à pouvoir placer en marge les observations que suggérerait l'examen du rapport.

La lettre d'envoi peut contenir tout ce qui n'aurait pas une affinité directe avec l'une ou l'autre partie du rapport ou tout ce que les magistrats pourraient considérer comme étant d'une nature confidentielle : par exemple, les observations sur le personnel de la magistrature et sur les jeunes avocats qui pourraient être un jour appelés dans ses rangs.

§ 1er. *Composition de la cour d'assises.*

Le rapport doit s'expliquer sur la composition de la cour pendant toute la durée de la session, sur les excuses des assesseurs qui auraient été accueillies, sur le concours donné par chaque assesseur à l'action de la justice.

§ 2. *Liste du jury.*

Le président doit faire connaître son appréciation sur la composition des listes annuelles du jury. Il peut contribuer à l'amélioration de ces listes en conférant à la fin de chaque session avec les préfets et les procureurs impériaux au sujet des irrégularités qu'ils auraient remarquées ou des inscriptions qui leur paraîtraient porter sur des citoyens manquant de la fermeté ou de la capacité nécessaires pour remplir dignement ces fonctions.

§ 3. *Le jury.*

Le président doit porter son attention sur le jury de la session, ses éléments, sa composition et son esprit, sur ses tendances vers l'indulgence ou la sévérité, suivant la nature des accusations.

§ 4. *Travaux statistiques.*

Le rapport doit préciser, savoir, pour chaque session :

1° Le nombre et le sexe des accusés à juger;

2° Le nombre des accusés jugés contradictoirement;

3° Le nombre des accusés jugés par contumace;

4° Le nombre des condamnés à des peines criminelles ou à des peines correctionnelles;

5° Le nombre des acquittés;

6° Le nombre des affaires où le jury aura admis des circonstances atténuantes.

Pour chaque accusé :

1° Son état civil;

2° Sa profession;

3° Son degré d'instruction;

4° Ses antécédents judiciaires.

§ 5. *Renvoi à une autre session.*

Le rapport doit rendre compte des causes qui ont nécessité les renvois à une autre session.

§ 6. *Compte rendu des affaires.*

L'exposé n'a pas besoin d'être étendu. Il doit retracer le fait principal, les circonstances qui l'aggravent ou le rendent moins criminel, et les divers incidents qui ont pu se produire à l'audience.

Il doit être précédé des indications suivantes :

1° Nom de l'accusé et renseignements statistiques;

2° Nature du crime, sa date;

3° Tribunal d'instruction, tableau des divers actes d'information, avec leurs dates et les noms des magistrats signataires, dates de l'ordonnance de soit communiqué, du réquisitoire de compétence, de l'ordonnance de transmission, de l'arrêt et de l'acte d'accusation et de la signification de ces dernières pièces;

4° Résultat de l'affaire.

Le rapport doit signaler les retards non justifiés, les négligences et les lacunes qui ont pu compromettre le sort des accusations.

A la suite du tableau, il indiquera la date de la communication de la procédure au président d'assises.

§ 7. *Recours en grâce.*

A la suite de l'exposé de chaque affaire, le président doit donner son avis motivé sur l'accueil dont peuvent être susceptibles, dans un avenir prochain ou éloigné, les recours en grâce des condamnés ou en commutation de peines, sans préjudice du rapport spécial qui doit être transmis à la chancellerie dans le plus court délai dans les affaires suivies de condamnations capitales.

§ 8. *Prisons.*

Le président doit faire connaître le résultat des visites qu'il doit faire à la maison de justice avant l'ouverture de la session et après sa clôture.

Il doit signaler tout ce qui paraît contraire à la loi, aux règlements, à l'intérêt de la justice ou de la bonne administration.

Il doit s'assurer si les condamnés aux précédentes assises ont été transférés à leur destination, s'enquérir des motifs de retard et les signaler; si l'arrêt de renvoi et l'acte d'accusation ont été signifiés à chaque accusé, si tous les accusés ont été interrogés, s'ils ont reçu copie de la procédure et communiqué avec les avocats chargés de leur défense.

BIBLIOTHÈQUE IMPÉRIALE

PARIS. TYPOGRAPHIE DE HENRI PLON, IMPRIMEUR DE L'EMPEREUR, RUE GARANCIÈRE, 8.

FORMULAIRE

CONTENANT

LES QUALIFICATIONS LÉGALES DES CRIMES ET DES DÉLITS,

ADOPTÉES PAR LA CHAMBRE D'ACCUSATION DE LA COUR IMPÉRIALE DE PARIS.

OBSERVATIONS GÉNÉRALES.

On doit éviter de comprendre plusieurs délits ou crimes dans la même qualification.

Cependant, on peut s'écarter de cette règle, si les faits se sont répétés fréquemment, pendant un temps assez long, pendant des années, sans qu'il soit possible de préciser les dates et de les distinguer. — V. sous l'art. 337 C. i. cr., nos 189 et suiv., et les formules des art. 331, 379, 408 C. pén.

Lorsque la date d'un crime ou d'un délit ne peut être fixée à cause de l'incertitude, on met : *D'avoir, depuis moins de dix ans...* ou : *Depuis moins de trois ans, antérieurement aux premières poursuites...* — Mais V. sous l'art. 337 C. i. cr., no 46, et sous l'art. 638, no 23.

Pour constater sa compétence, la chambre d'accusation indique le lieu où le crime a été commis. Cette indication est surtout nécessaire lorsqu'il y a concours de plusieurs crimes commis dans des lieux différents.

Lorsque les prévenus ou accusés sont en fuite, il faut mentionner qu'ils sont *absents*, et dire : *Charges suffisantes contre X..., absent, d'avoir...*

Si l'accusé est âgé de moins de seize ans, on énonce cette circonstance. — V. la formule sous l'art. 66.

S'il est en état de récidive, on en fait aussi mention. — V. la formule sous l'art. 56.

On ne peut faire des qualifications subsidiaires ou alternatives. — V. sous l'art. 337 C. i. cr., nos 139 et suiv.

Art. 2. Tentative.

Considérant qu'il résulte de l'instruction charges suffisantes contre X...

D'avoir le... (*indiquer la date*), à... (*indiquer le lieu*), commis une tentative de... (*spécifier le crime avec tous ses caractères constitutifs et aggravants*), au préjudice de... (*indiquer la personne lésée*), laquelle tentative, manifestée par un commencement d'exécution, n'a été suspendue ou n'a manqué son effet que par des circonstances indépendantes de la volonté de X... (*l'accusé*). Crime prévu par les art. 2 et...

Nota. Les formules relatives à la tentative se trouvent à la suite de celles relatives aux crimes principaux. — V. les formules sous les art. 301, 379, 434 et autres.

Art. 44, 45. Rupture de ban.

D'avoir le..., étant sous la surveillance de la haute police, été trouvé dans Paris ou sa banlieue, où il lui était interdit de paraître ; délit prévu par les art. 44 et 45 C. pén.

Ou, étant sous la surveillance de la haute police, excédé le temps de la durée de son séjour dans un lieu de passage, lequel temps avait été réglé par la feuille de route qu'il avait reçue.

Ou de s'être, étant sous la surveillance de la haute police, écarté de l'itinéraire réglé par sa feuille de route, en séjournant à..., au lieu de se rendre à..., lieu fixé pour sa résidence.

Délit prévu par les art. 44 et 45 C. pén.

Art. 56. Récidive (*Crimes*).

Contre X..., précédemment condamné à une peine afflictive et infamante,

D'avoir, etc.,

Crime prévu par les art. 56,...

Nota. La récidive doit être mentionnée dans les ordonnances du juge d'instruction, et dans les arrêts de la chambre d'accusation.

Art. 58. Récidive (*Délits*).

Contre X..., précédemment condamné correctionnellement à un emprisonnement de plus d'une année,

D'avoir...

Art. 59, 60. Complicité.

De s'être, en..., rendu complice du crime ci-dessus qualifié :

1o En provoquant par dons, promesses... (V. le § 1er de l'art. 60), à commettre cette action ;

2o En donnant des instructions pour la commettre ;

3o En procurant à X... des armes, ou des instruments, ou les moyens qui ont servi à la commettre, sachant qu'ils devaient y servir ;

4o En aidant et assistant avec connaissance ledit X... dans les faits qui ont préparé, facilité ou consommé ledit crime.

De s'être, le..., rendu complice du crime de faux ci-dessus qualifié : 1o en procurant à..., par la remise d'un billet de 40 francs souscrit par..., un moyen qui lui a servi à commettre ledit crime, sachant qu'il devait y servir ; 2o en donnant à... des instructions pour commettre ledit crime de faux en écriture privée.

Nota. On trouvera d'autres formules à la suite des qualifications relatives à certains crimes.

Si l'auteur principal n'est pas en cause, il faut détailler le fait incriminé. Ainsi, l'on doit dire :

De s'être, en..., rendu complice de l'homicide volontaire commis, *à telle époque* et sur *telle personne*, en aidant et assistant, avec connaissance, l'auteur de ce crime, dans les faits qui l'ont préparé, facilité et consommé.

De s'être, à la même époque, rendu complice de la soustraction frauduleuse (*indiquer les objets*) commise à l'aide de fausse clef, dans une maison habitée, au préjudice de..., en aidant et assistant, avec connaissance, l'auteur, aujourd'hui décédé, de cette soustraction, dans les faits qui l'ont préparée, facilitée et consommée. Crime prévu par les art. 59, 60...

Art. 62. Recel.

De s'être, à la même époque, rendu complice de ladite soustraction frauduleuse, *ou* du crime ci-dessus qualifié, en recélant tout ou partie des objets volés, sachant qu'ils provenaient de vol.

Note. Si l'auteur principal n'est pas en cause, et si le fait incriminé n'a point encore été qualifié, on met :

De s'être, en..., en recélant partie des objets volés, sachant qu'ils provenaient de vol, rendu complice de la soustraction frauduleuse de divers objets mobiliers, commise par X..., le..., à l'aide d'escalade et d'effraction dans une maison habitée, au préjudice de... Crime prévu par les art. 62 et...

Art. 63. Recels avec connaissance.

On ajoute aux formules indiquées sous les articles précédents, que les recéleurs ont eu, au temps du recélé, connaissance des circonstances auxquelles la loi attache les peines de mort, des travaux forcés à perpétuité ou de la déportation.

V. les formules sous l'art. 304.

Art. 64. Excusabilité, démence.

Considérant qu'il résulte de l'instruction que X... était en état de démence au moment où a eu lieu le fait qui lui est reproché ; d'où il suit que ce fait ne peut constituer ni crime ni délit :

Dit qu'il n'y a lieu à accusation ni à plus amples poursuites contre ledit X...

Art. 66, 67, 68. Discernement.

La circonstance qu'un accusé était âgé de moins de seize ans au temps de l'action incriminée, doit être mentionnée ainsi :

Contre X..., âgé de moins de seize ans, d'avoir, etc.

Ou bien, s'il a atteint cet âge au moment de la mise en accusation :

D'avoir, en..., étant alors âgé de moins de seize ans, commis...

Viser les art. 66 et 67.

Art. 86 et suiv. Attentats contre l'Empereur et sa famille.

D'avoir, le..., commis un attentat contre la vie ou contre la personne de l'Empereur.

D'avoir, le..., participé à un attentat dans le but de détruire ou de changer le gouvernement.

De s'être, le..., rendu complice d'un attentat ayant pour but de détruire ou de changer le gouvernement. — D'exciter les citoyens ou habitants à s'armer les uns contre les autres. — D'exciter la guerre civile en armant ou portant les citoyens à s'armer, etc. — En assistant, avec connaissance, les auteurs de ces attentats, dans les faits qui les ont facilités. Crime prévu par les art...

Art. 89, 90. Complots.

D'avoir, en..., par une résolution d'agir concertée et arrêtée entre eux, formé un complot dont le but était de : 1° commettre un attentat contre la vie de l'Empereur ; 2° d'exciter les citoyens à s'armer contre l'autorité impériale ; 3° de détruire et de changer le gouvernement. Laquelle résolution d'agir a été *ou* n'a pas été suivie d'actes commis ou commencés pour en préparer l'exécution.

D'avoir, en..., fait à X..., des propositions non agréées de former un complot pour arriver aux crimes mentionnés dans les art. 86 et 89 du C. pén. Crime prévu, etc.

Art. 91 et suiv. Attentats tendant à la guerre civile.

D'avoir, le..., participé à un attentat dans le but de... Art. 91.

D'avoir, en..., engagé et enrôlé, fait engager et enrôler des soldats sans autorisation du pouvoir légitime. Art. 92.

De s'être, en..., mis à la tête d'une bande armée pour envahir un poste et faire attaque envers la force publique agissant contre les auteurs de ces crimes. Art. 96.

Art. 109 et suiv. Crimes et délits relatifs à l'exercice des droits civiques.

D'avoir, le..., été surpris dans la section 1re..., ajoutant à la masse des billets contenant les suffrages des citoyens un billet ou bulletin de vote, en outre de celui qu'il avait le droit de déposer comme électeur. Art. 111.

Art. 114 et suiv. Attentats à la liberté.

D'avoir, le..., étant fonctionnaire public, ordonné un acte arbitraire et attentatoire à la liberté individuelle, en donnant l'ordre de...

Art. 132 et suiv. Fausse monnaie.

D'avoir, le..., *ou à diverses reprises, tel mois, telle année*, contrefait des monnaies d'argent ayant cours légal en France.

Ou participé à l'émission de monnaies d'argent ayant cours légal en France, contrefaites, sachant qu'elles étaient contrefaites, en remettant à X... une pièce de monnaie contrefaite. 132 C. pén.

D'avoir *(le jour, le lieu)* tenté de participer à l'émission *ou* commis une tentative d'émission de fausse monnaie d'argent ayant cours légal en France, contrefaite, sachant qu'elle était contrefaite; laquelle tentative manifestée par un commencement d'exécution... Crime prévu, etc.

On peut indiquer le nombre de pièces dans l'émission; ainsi dire : Participé à l'émission d'une pièce, etc.

De s'être, à la même époque, rendu complice du crime de contrefaçon *ou* d'émission de fausses monnaies d'argent ci-dessus spécifié : 1° En aidant et assistant avec connaissance l'auteur de l'action dans les faits qui l'ont facilitée et consommée;

2° En recélant tout ou partie de l'argent obtenu à l'aide des mêmes crimes, sachant que cet argent provenait desdits crimes. Art. 132, 164, 59, 60, 62 C. pén.

Art. 133. Fausse monnaie étrangère.

D'avoir, en..., contrefait en France des monnaies espagnoles, consistant en bons de mille réaux, ayant cours forcé en Catalogne.

Ou participé à l'émission en France de deux billets faux du trésor royal de Prusse de cinq thalers chacun. Art. 134, 164 C. pén.

D'avoir..., en essayant de faire fabriquer un papier-monnaie de l'empire ottoman valant vingt piastres, payable à vue au porteur et ayant cours dans l'empire ottoman, tenté en France de contrefaire une monnaie étrangère, laquelle tentative, etc. Art. 2, 133, 164 C. pén.

Art. 139. Contrefaçon des sceaux de l'État, effets publics, billets de Banque.

D'avoir, en..., contrefait le sceau de l'État.

D'avoir, en..., contrefait *ou* falsifié *tels* effets émis par le Trésor public avec son timbre; *ou* des billets de la Banque de France autorisée par la loi.

D'avoir, en..., fait usage du sceau de l'État contrefait, sachant qu'il était contrefait.

Ou fait usage de *tels* effets émis par le Trésor public avec son timbre, *ou* des billets de la Banque de France autorisée par la loi, sachant que lesdits effets *ou* billets étaient contrefaits.

D'avoir, en ..., commis une tentative de contrefaçon de billets d'une banque autorisée par la loi, en se livrant à la gravure d'une planche destinée à la contrefaçon des billets de la Banque de France, etc., etc. Crime prévu, etc.

Art. 140. Faux timbres, marteaux, poinçons.

D'avoir, en..., commis le crime de faux, en contrefaisant *ou* falsifiant le marteau de l'État servant aux marques forestières; *ou* le poinçon de l'État servant à marquer les matières d'or et d'argent.

D'avoir, en..., fait usage du poinçon de l'État ci-dessus mentionné, contrefait *ou* falsifié, sachant qu'il était falsifié et contrefait.

D'avoir, en..., contrefait *ou* fait contrefaire plusieurs timbres nationaux. Crime prévu, etc.

S'il n'y a pas eu contrefaçon du marteau ou du poinçon, mais seulement imitation de la marque, on met :

D'avoir, en..., falsifié le marteau ou le poinçon de l'État servant à...

Art. 141. Application des vrais timbres.

D'avoir, en..., commis le crime de faux en appliquant *ou* faisant appliquer par enture sur des ouvrages d'or, d'une manière préjudiciable aux droits du trésor public, les marques des véritables poinçons de l'État destinés à marquer les matières d'or et d'argent. Art. 108, 109 de la loi du 19 brum. an VI.

D'avoir, en..., été trouvé possesseur avec connaissance de trente-cinq clefs de montre en or et de trente-cinq crochets également en or, sur lesquels la marque des poinçons de garantie avait été entée. Art. 108 loi du 18 brum. an VI.

V. sous l'art. 141, n° 4.

Art. 142. Contrefaçon des marques du gouvernement, et des sceaux, timbres des autorités.

D'avoir, en..., commis le crime de faux par contrefaçon du sceau d'une autorité administrative, en contrefaisant *ou* faisant contrefaire le sceau de...

Ou contrefait ou fait contrefaire le sceau d'une autorité en gravant *ou* faisant graver sur une planche de cuivre le sceau de la préfecture de..., ainsi que le visa *ou* la signature du chef de bureau. Art. 142 C. pén.

D'avoir, en ..., contrefait ou fait contrefaire le timbre et la marque de l'établissement de commerce appartenant à...; *ou* le timbre de l'Administration générale des omnibus, établissement particulier de commerce.

Ou d'avoir, en..., contrefait ou fait contrefaire des poinçons formant la marque de l'établissement de commerce appartenant à...

D'avoir, en..., fait usage desdits timbres et marques contrefaits, sachant qu'ils étaient contrefaits. Délits prévus par l'art. 7 de la loi du 23 juin 1857.

Art. 143. Application préjudiciable des vrais sceaux, timbres, etc.

D'avoir, en..., fait une application et un usage préjudiciables aux intérêts de l'État d'un cachet ou sceau destiné à être apposé au nom de..., lequel cachet il s'est indûment procuré. Art. 143 C. pén.

Art. 145. Faux commis par des fonctionnaires, — *par altération matérielle.*

Cet article contient des définitions purement théoriques et qu'on ne reproduit pas dans les qualifications. On se borne à y poser le fait incriminé, d'où résulte l'altération, la supposition de personne... — V. les formules sous l'art. 147.

Art. 146. Faux commis par des fonctionnaires, — *par altération intellectuelle.*

D'avoir, en..., étant officier public, et en rédigeant des bordereaux des recettes journalières des théâtres qu'il avait mission de constater, frauduleusement dénaturé les circonstances de ces bordereaux en certifiant des recettes inférieures à celles qui avaient été réellement effectuées, dans le but de s'approprier la différence.

D'avoir, en..., dans l'exercice de ses fonctions d'agent voyer cantonal, commis le crime de faux en écriture publique et authentique :

1° En visant et attestant, à la date du..., avoir vérifié le mémoire de travaux..., tandis que ce mémoire était faux;

2° En rédigeant et en certifiant véritable, sous la date du..., un état des journées dues aux piqueurs adjoints pendant le premier semestre 1851, dans lequel il a énoncé faussement qu'il était dû à N... la somme de...; desquels visa et attestation, qui étaient des actes de son ministère, X... (*l'accusé*) a dénaturé frauduleusement la substance, en constatant comme vrais des faits faux.

D'avoir, en..., étant piqueur de l'administration des ponts et chaussées, commis dans l'exercice de ses fonctions le crime de faux en écriture authentique et publique, en altérant ou faisant altérer un journal ou carnet d'attachement tenu en 1857 par X..., conducteur de la même administration, par la substitution à l'aide de surcharges sur le tableau récapitulatif correspondant au numéro 644 du journal, savoir : 1° sous la date du 7 octobre 1857, de la quantité de 2 mètres 94 décimètres cubes de sable à celle de 3 mètres qui avait été réellement fournie par l'entrepreneur; 2°...

D'avoir, en..., dans l'exercice de ses fonctions de receveur d'octroi de la ville de Montmartre, commis le crime de faux en écriture authentique et publique : 1° En inscrivant ou faisant inscrire sur le registre de déclarations ou de perception intitulé douzième volume, au folio 40, sous le numéro 5730, à la souche et à la date du 4 juillet 1859, la somme de 11 fr. 60 c., pour l'entrée de 25 hectolitres de plâtre, au lieu de celle de 23 fr., réellement perçue sur l'entrée de 50 stères de bois, et en altérant ainsi frauduleusement le fait que ledit registre avait pour objet de constater; 2°...

D'avoir, en..., étant notaire et par conséquent fonctionnaire public, dans l'exercice de ses fonctions et en rédigeant des actes de son ministère, commis le crime de faux en écriture authentique et publique :

En fabriquant une fausse expédition d'une prétendue quittance passée devant lui le..., et contenant décharge par N... au profit de X... d'une somme de...;

En fabriquant une fausse grosse d'une prétendue obligation reçue par lui le..., constatant un prêt de... par N... à X..., ou une obligation de..., souscrite par N... au profit de X... à la date du... et restée imparfaite, laquelle grosse n'était pas conforme à la minute et constatait comme vrais des faits faux;

En constatant, contrairement à la vérité, dans un acte passé devant lui et daté du..., que N... donnait procuration à un individu dont le nom est resté en blanc, à l'effet de céder et transférer telle créance à lui appartenant, en dénaturant ainsi frauduleusement la nature de cet acte et en constatant comme vrais des faits faux;

En fabriquant une expédition de la procuration ci-dessus mentionnée dont la minute était fausse, ladite expédition contenant le nom de... comme mandataire.

D'avoir, à la même époque et dans l'exercice des mêmes fonctions, fait usage desdites pièces fausses ci-dessus spécifiées, sachant qu'elles étaient fausses.

D'avoir, en..., comme notaire et en rédigeant un acte de son ministère contenant cession d'une créance de... par N... à X..., et quand ledit acte portait déjà la signature du cédant, frauduleusement intercalé ou fait intercaler deux feuillets à la place de deux feuillets supprimés par lui, substitué un nouveau cessionnaire au premier, à l'insu du cédant, et constaté contrairement à la vérité : 1° la cession par N... à Z... de la créance de...; 2° la libération dudit Z... par N... du prix dudit transport; et d'avoir ainsi frauduleusement dénaturé la substance dudit acte en écrivant des conventions autres que celles dictées par l'une des parties, et en constatant comme vrais des faits faux.

Crimes prévus par les art. 146, 148 et 164 C. pén.

Art. 147. Faux en écriture authentique.

§ 1er. — *Contrefaçon, altération d'écritures.*

D'avoir, en..., commis le crime de faux en écriture authentique et publique,

En substituant ou faisant substituer dans un extrait des registres des actes de l'état civil de la commune de... pour l'année 1813, certifié et délivré par le maire de ladite commune, le..., savoir : dans l'intitulé dudit extrait, les mots : *vingt-six* au mot *treize*, faisant partie du millésime mil huit cent treize; et, dans le corps du même extrait, les mots : *le trois janvier* aux mots : *le vingt-six octobre*, de manière à donner faussement à l'acte la date du 3 janvier 1826 au lieu de celle du 26 octobre 1813.

En substituant ou faisant substituer, au moyen d'une surcharge, aux derniers chiffres du millésime 1816, dans l'énonciation de la date de sa naissance, sur le certificat de bonne conduite ou sur le congé de libération du service militaire à lui délivré, le 15 janvier 1852, par le conseil d'administration du vingt-deuxième régiment d'infanterie légère, les chiffres 2 et 0, de manière à former le millésime 1820, et ce dans le but de tromper soit les tiers, soit l'autorité publique, en se présentant comme étant encore apte au remplacement militaire, tandis qu'il avait dépassé la limite d'âge fixée par la loi du recrutement à cet effet.

En altérant ou faisant altérer dans l'expédition délivrée par le secrétaire général du ministère du commerce, ayant qualité à cet effet, d'un dessin déposé par X... audit ministère à l'appui d'une demande de brevet d'invention, la figure portant le numéro 23 *bis* et représentant..., dont X... se prétend inventeur; et en altérant ou faisant altérer ainsi les faits que ledit acte avait pour objet de constater.

D'avoir, en..., commis le crime de faux en écriture authentique *et* publique : 1° En altérant ou faisant altérer la suscription de chacune des quatre-vingt-six lettres ci-après énumérées, contenant avis par le grand chancelier de la Légion d'honneur de la concession d'une gratification extraordinaire à chacun des membres de la Légion à qui elles étaient adressées, et donnant droit de toucher le montant à présentation, et en substituant ou faisant substituer à l'indication de la demeure véritable du destinataire une indication fausse, de manière à changer le lieu du payement : 1° Lettre du 28 août à X..., gratification de 50 francs; 2° Lettre à... du même jour, gratification de...

2° En fabriquant ou faisant fabriquer, dans une formule imprimée au bas de chacune des quatre-vingt-six lettres dont l'énumération précède, une quittance datée de Paris de la gratification énoncée dans la lettre et payée, au nom de la grande chancellerie de la Légion d'honneur, par les mains du caissier des dépôts et consignations de Paris; et en y apposant ou faisant apposer la fausse signature du légionnaire à qui la gratification était accordée. Crime prévu, etc.

§ 2. — *Fausse signature.*

D'avoir, en 1855, commis le crime de faux en écriture authentique et publique :

En apposant ou faisant apposer dans un bureau de poste de Paris, au bas du *pour acquit* d'un mandat de la somme de..., délivré le... par le directeur des postes de..., payable à X..., à Paris, la fausse signature X..., pour valoir décharge;

En apposant ou faisant apposer dans le même bureau, sur un registre de l'administration des postes, contenant l'indication des mandats à payer, et à la colonne des émargements, la fausse signature X... en regard de la mention du mandat de 20 fr. ci-dessus mentionné, pour valoir décharge.

Nota. Si l'accusé, en touchant le mandat, n'avait apposé aucune signature, faute de savoir signer, il y aurait faux par substitution de personne. V. ci-après.

En apposant ou faisant apposer sur un mandat de payement délivré par le préfet de..., le..., n°..., exercice de l'année..., montant à fr..., et au-dessous du *pour acquit* la fausse signature A... Crime prévu, etc.

§ 3. — *Fabrication de convention.*

D'avoir, en..., commis le crime de faux en écriture authentique et publique, en fabriquant ou faisant fabriquer sur une expédition, délivrée par le sous-préfet de Saint-Denis, d'un procès-verbal d'adjudication de travaux communaux, daté du..., intéressant la commune de..., la fausse mention : *enregistré à Saint-Denis* (*suit la mention de l'enregistrement*); ou la fausse mention *approuvé par le préfet, signé* Berger.

D'avoir, en..., tenté de commettre le crime de faux en écriture authentique et publique, en donnant l'ordre, exécuté en partie, de confectionner sur un modèle par lui fourni soixante exemplaires de certificats de rente piémontaise, avec la substitution du mot *mila* au lieu de *cinquanta* qui existait sur le modèle, et ce dans le dessein de créer de faux titres; laquelle tentative, etc., etc. Crime prévu, etc.

§ 4. — *Altération de clauses, déclarations ou faits que les actes ont pour but de constater.*

D'avoir, en..., commis le crime de faux en écriture authentique et publique, en déclarant faussement, dans un acte de notoriété dressé le..., par le juge de paix du canton de..., que le nommé S... avait disparu depuis 1840, qu'on n'avait pas eu de ses nouvelles depuis cette époque et qu'on ignorait s'il existait encore, etc., altérant ainsi les faits que cet acte avait pour objet de constater.

V. sous l'art. 147, n°s 139 et suiv., C. pén.

§ 5. — *Faux par supposition de personne.*

D'avoir, en..., tenté de commettre le crime de faux en écriture authentique et publique, en présentant à Mᵉ G..., notaire à..., la femme G... sous le nom de P..., son épouse, en la faisant figurer en cette qualité comme obligée conjointement et solidairement avec lui dans un acte rédigé par ledit notaire, le..., constatant un prêt de 2,000 francs sur hypothèque qui devait être fait par X... aux époux S... (*les prévenus*), ledit acte portant la signature S... et la déclaration de la prétendue femme P... qu'elle ne sait signer, mais étant resté imparfait par suite de la découverte de la fraude, et en faisant ainsi altérer la déclaration que l'acte avait pour objet de recevoir et de constater, laquelle tentative...

Contre la femme G..., d'avoir, à la même époque, tenté de commettre le crime de faux en écriture authentique et publique, en se présentant à Mᵉ G..., notaire à..., sous le nom de femme P..., épouse de S..., et en consentant à figurer en cette qualité comme s'obligeant conjointement et solidairement avec ce dernier dans un acte rédigé par ledit notaire, le..., etc.

D'avoir, en..., commis le crime de faux en

écriture authentique et publique, en se présentant devant *tel* notaire comme étant *tel* individu, et en faisant rédiger sous ce faux nom le contrat contenant les conditions civiles du mariage projeté entre lui et la fille G..., et en apposant au bas dudit acte la fausse signature L...

En comparaissant devant Mᵉ..., notaire à..., sous le nom de B..., femme légitime de P..., en prenant ce nom et cette qualité dans le contrat de mariage reçu par ce notaire, en déclarant dans ledit contrat qu'elle était la mère de Jeanne P..., et qu'en cette qualité elle l'assistait et l'autorisait, et lui constituait en dot un trousseau de 1,000 francs, et en apposant...

En comparaissant devant l'officier public de l'état civil du quatrième arrondissement de Paris, sous le nom de..., en prenant ce nom et la qualité de mère de la future dans l'acte de célébration de mariage de Jeanne P..., en déclarant auxdits noms et qualités qu'elle consentait au mariage, et en apposant...

Ou en se présentant devant l'officier de l'état civil de la commune de... sous le nom de..., né à..., en prenant ce faux nom dans l'acte dressé par cet officier pour constater la célébration de son mariage avec la fille J..., et en apposant au bas de cet acte la fausse signature...

Et contre G..., de s'être, en..., rendu complice du crime de faux en écriture authentique et publique ci-dessus spécifié, commis par B... dans l'acte de célébration de son mariage, en lui fournissant les extraits des actes de l'état civil de la commune de... s'appliquant à L..., et en lui procurant ainsi les moyens qui ont servi à l'exécution dudit crime, sachant qu'ils devaient y servir. Art. 147, 164, 59 et 60 C. pén.

D'avoir, en..., commis le crime de faux en écriture authentique et publique :

En se présentant sous les faux noms de B..., muni des pièces justificatives appartenant ou se rapportant à ce dernier, devant le conseil de révision du département de..., à l'effet de se faire admettre frauduleusement comme remplaçant militaire.

En se présentant, le..., devant le conseil de révision du département de..., sous les faux noms de..., et déclarant frauduleusement audit conseil qu'il remplissait les conditions exigées par la loi pour être admis comme remplaçant dans les armées françaises, et en apposant au bas de l'acte constatant lesdites déclarations la fausse signature...

En souscrivant, le même jour, devant ledit conseil de révision, sous le faux nom de..., l'engagement de remplacer dans les armées françaises le sieur A..., jeune soldat de la classe de 1851, et en apposant au bas de l'acte administratif constatant cet engagement la fausse signature...

D'avoir, en..., commis le crime de faux en écriture authentique et publique :

En apposant, le..., en présence d'un préposé de la faculté des sciences de Paris, sur le registre de ladite faculté dit *des consignations* et au bas d'une déclaration portant que le signataire consignait une somme de... pour être admis à l'examen du baccalauréat ès sciences, la fausse signature P..., dans le but d'être admis aux épreuves sous ce nom.

En apposant, le même jour, en présence du même préposé, sur le registre dit *des déclarations* et au bas d'une déclaration portant que le signataire ne s'était encore présenté devant aucune autre faculté pour subir l'épreuve du baccalauréat, la fausse signature P...

En apposant, le..., en présence du même préposé, sur le registre de ladite faculté tenu conformément aux arrêtés des 15 septembre 1821 et 16 mars 1832 pour constater l'identité des candidats et leur présence aux examens qui doivent avoir lieu le même jour, la fausse signature P...

En se présentant, le..., sous le faux nom de..., devant les membres de la faculté des sciences de Paris constitués en commission pour l'examen des candidats au grade de bachelier ès sciences, et en subissant sous ce faux nom les épreuves prescrites par les règlements.

En apposant, le..., en présence d'un préposé de la faculté des sciences de Paris, sur le registre de ladite faculté dit *des consignations*, la fausse signature S..., pour constater le reçu d'une somme de..., dont la restitution audit S... avait été autorisée.

D'avoir, en..., commis le crime de faux en écriture authentique et publique :

En se présentant à la faculté des lettres de... sous le faux nom de B... et en inscrivant sur le registre des déclarations tenu à ladite faculté une déclaration portant qu'il se présente aux épreuves du baccalauréat ès lettres, en y apposant la fausse signature B...

En se présentant à ladite faculté pour subir l'épreuve orale ou écrite du baccalauréat ès lettres, et en y subissant effectivement cette épreuve sous le faux nom de B..., pour faire constater l'aptitude dudit B... au grade de bachelier.

V. sous l'art. 162, nᵒ 13.

D'avoir, le..., commis le crime de faux en écriture authentique et publique par supposition de personne : En déclarant faussement dans le bureau de l'administration des postes, à Charonne, devant un préposé de ladite administration, qu'elle était Joséphine G...;

En réclamant et recevant sous le faux nom de Joséphine G... le payement d'un mandat de la somme de 40 francs, délivré, le..., par le directeur des postes à..., au profit de la fille G..., et payable à...; lequel payement, sur la fausse déclaration de la prévenue et en présence des témoins Silvain et Clément, a été constaté : 1ᵒ au dos de l'original du mandat sus-énoncé, numéro 17, au compte des mandats payés; 2ᵒ sur le registre numéro 17 du bureau des postes de C..., à l'article 6 du feuillet mentionnant les payements effectués le...

D'avoir, en..., commis le crime de faux en écriture authentique et publique, en se présentant sous le faux nom de X... et inscrivant ou faisant inscrire frauduleusement devant le liquidateur de la Compagnie d'assurances *l'Européenne*, les noms de X... dans une procuration en brevet passée devant..., le..., donnée par X, et où le nom du mandataire avait été laissé en blanc; laquelle procuration, renfermée dans un paquet expédié par les messageries nationales à l'adresse de X..., l'accusé s'était indûment fait remettre par le facteur desdites Messageries, et contenait pouvoir de réclamer et de recevoir dudit liquidateur une somme de..., etc.; et ce dans le but de s'approprier lesdites valeurs, en les réclamant et en en donnant décharge sous le faux nom de X... Crimes prévus par les art...

Faux en écriture de commerce.

Observations générales.

Toutes les fois qu'il s'agit d'écritures de commerce, on doit mettre dans la qualification toutes les énonciations qui caractérisent la nature commerciale de l'écrit. V. sous l'art. 147, n°s 322 et suiv., C. pén.

La qualification de tout effet de commerce qui n'est pas une lettre de change doit être terminée ainsi : *Et en y apposant ou faisant apposer la fausse signature tel, lequel est commerçant.* — Ou bien, s'il s'agit d'une signature imaginaire : *Présenté comme commerçant.*

Si la signature portée sur l'effet est suivie de la qualité commerciale, on copie cette qualité.

Dans l'usage, on adopte la formule alternative *d'avoir fabriqué ou fait fabriquer.* Il n'y a pas complexité. V. sous l'art. 147 C. pén., n° 230.

Actions. — D'avoir, en..., commis le crime de faux en écriture de commerce, en apposant ou faisant apposer sur une feuille imprimée destinée à servir d'action du chemin de fer de..., les fausses signatures B... et S...; la première, au-dessous des mots : *Un administrateur*, et la seconde, au-dessous des mots : *Par délégation du conseil d'administration;* ledit faux de nature à préjudicier à autrui.

V. *infrà*, titres au porteur.

Bank-notes. — D'avoir..., en..., commis le crime de faux en écriture de commerce et de banque, en fabriquant ou faisant fabriquer des billets de la banque d'Angleterre, dits bank-notes, de 100 liv. st. chacun, tous datés de Londres, payables à M... ou au porteur, et en apposant ou faisant apposer au bas desdits billets, en les faisant précéder des mots en anglais : Pour le gouverneur et la Compagnie de la Banque d'Angleterre; savoir : sur quatorze, la fausse signature X...; sur..., etc.

D'avoir fait usage, etc.

V. sous l'art. 184 C. pén., n° 4.

D'avoir, à la même époque, commis des tentatives de faux en écriture de commerce et de banque, lesquelles tentatives... En fabriquant ou faisant fabriquer trente-cinq feuilles de papier blanc présentant les mêmes filigranes que ceux du papier des billets de la Banque d'Angleterre, et, en transparent, les mots : Banks of England deux fois répétés; lesdites feuilles destinées à la fabrication de faux billets dits banks-notes de la Banque d'Angleterre.

En fabriquant ou faisant fabriquer, à titre d'épreuves ou d'essais, deux billets de la Banque d'Angleterre de 100 liv. st., payables..., l'un d'eux sans signature, l'autre portant...

Billets. — D'avoir, en..., commis le crime de faux en écriture de commerce, en fabriquant ou faisant fabriquer :

Un billet de la somme de..., daté de..., le..., payable le..., au profit de X..., marchand de bois à..., causé valeur pour marchandises reçues, et en y apposant ou faisant apposer la fausse signature M..., marchand de farines et boulanger.

Un billet à l'ordre de..., de la somme de..., daté du..., et causé pour solde d'une vente de coupe de bois, laquelle présente les caractères d'une opération de commerce, et en apposant ou faisant apposer au bas dudit billet la fausse signature B...

Un billet à son ordre *ou* à l'ordre de X..., de la somme de..., daté de..., payable le..., causé valeur en... et en y apposant ou faisant apposer la fausse signature M..., lequel est commerçant.

En fabriquant ou faisant fabriquer sur ledit billet, un endossement à son ordre, daté de Paris, le..., causé valeur en... et en y apposant ou faisant apposer la fausse signature R..., lequel est commerçant.

Lorsque l'endos est en blanc, on met :

En apposant ou faisant apposer au dos dudit billet, pour valoir endossement, la fausse signature B..., lequel est commerçant.

Lorsque le nombre des billets fabriqués est inconnu, on met :

D'avoir, en..., fabriqué ou fait fabriquer, au nom et à l'ordre de..., divers billets de... fr. chacun, et en y apposant ou faisant apposer la fausse signature..., lequel est commerçant.

Bons de caisse. — D'avoir, en..., commis le crime de faux en écriture de commerce, en fabriquant ou faisant fabriquer, en sa qualité de commis de C..., agent de change, un bon de caisse de... fr., daté de Paris, le..., revêtu des lettres T. T., initiales de son nom, portant la fausse énonciation de la remise de cette somme pour souscription, à..., pour le compte de L..., et opérant décharge au profit du caissier dudit agent de change, et ce, dans le but de détourner la susdite somme au préjudice dudit C...

Bordereau. — D'avoir, etc.

En apposant ou faisant apposer, sur un bordereau de livraison de la maison de commerce M..., du..., dans la colonne des non-payements, la fausse signature R..., lequel est commerçant, et ce dans le but de s'approprier une somme de..., au préjudice de ladite maison.

Facture. — D'avoir, en..., commis le crime de faux en écriture de commerce, en fabriquant ou faisant fabriquer au bas d'une facture émanée de la maison de commerce C... et Cie, datée du..., délivrée à X..., commerçant, et montant à... fr., la mention : *pour acquit* de la somme ci-dessus, et en y apposant ou faisant apposer la fausse signature C...

Et altérant ou faisant altérer par la substitution du chiffre 7 au chiffre 5 dans le nombre 152, une facture délivrée par A..., lequel est commerçant.

En fabriquant ou faisant fabriquer sur ladite facture le total de... fr.

En fabriquant ou faisant fabriquer, au nom de D..., commerçant :

Une facture, datée du..., dans laquelle il a porté comme due par..., la somme de..., tandis qu'il ne devait réellement, d'après le grand-livre, que la somme de..., et ce, dans le but de s'approprier la différence qui existe entre ces deux sommes.

Ou une facture constatant la vente faite à la maison R..., de..., et dans laquelle le prix de ces marchandises est porté faussement à la somme de..., au lieu de celle de..., moyennant laquelle elles ont été achetées de la maison D..., et ce, dans le but de détourner à son profit la différence qui existe entre ces deux sommes.

Lettre de change. — D'avoir, en..., commis le crime de faux en écriture de commerce, en fabriquant ou faisant fabriquer une lettre de change de la somme de..., tirée de Versailles, le..., par N..., sur X..., à Paris, payable le..., *ou* à vue à l'ordre de..., à Paris, causée valeur en..., et en y apposant ou faisant apposer la fausse signature N...

En fabriquant ou faisant fabriquer sur ladite lettre de change ou sur une lettre de change de la somme de..., datée de..., le..., tirée sur N..., à..., payable le..., à l'ordre de..., à Paris, une acceptation pour ladite échéance, et en y apposant ou faisant apposer la fausse signature M...

Ou au dos de ladite lettre de change, un endossement par N..., daté de..., au profit de X..., cause valeur en..., et en apposant ou faisant apposer au bas dudit endossement la signature N...

Ou en apposant ou faisant apposer au dos de la lettre de change, pour valoir endossement, la fausse signature N...

Nota. Si la lettre de change indiquait pour lieu de payement celui même d'où elle a été tirée, il n'y aurait pas alors une véritable lettre de change. L'effet n'aurait le caractère commercial qu'autant que l'accepteur serait commerçant. — Ch. d'acc. de Paris, 30 mars 1853.

V. sous l'art. 147, n° 292 et suiv.

Lettre missive. — D'avoir, en..., commis le crime de faux en écriture de commerce :

En fabriquant ou faisant fabriquer une lettre missive adressée à X..., contenant la demande d'une somme de..., à titre de prêt, et en apposant ou faisant apposer au bas de ladite lettre, la fausse signature X..., lequel est commerçant.

— *Ou* contenant, au nom de X..., lequel est commerçant, la demande d'un prêt d'argent, et en y apposant ou faisant apposer la fausse signature C...

— *Ou* contenant proposition d'acheter 850 couvertures, et emportant obligation de payer le prix, et en apposant ou faisant apposer au bas de ladite lettre, la fausse signature D..., lequel est présenté comme commerçant.

Quittance. — D'avoir, en..., commis le crime de faux en écriture de commerce :

En transformant ou faisant transformer une quittance de 100 fr., datée du..., signée du gérant de la Compagnie de..., délivrée à P..., assuré de ladite compagnie, en une quittance de 500 fr., supposée délivrée à B..., assuré de la même compagnie, au moyen des mots : *B..., à Reims,* substitués à ceux de *P..., à Réthel,* à l'aide d'un grattage et d'une surcharge, au moyen du mot *cinq* ajouté devant les mots *cent francs,* et au moyen du chiffre 5, substitué au chiffre 1 placé devant les deux zéros qui exprimaient la somme de 100 francs, au moyen de la substitution par surcharge, à la date du mot *septembre*, du mot *décembre*, au moyen du nombre 18,589, substitué au nombre 18,579, numéro du récépissé, à l'aide de la surcharge du chiffre 7... ; le tout dans le but de s'approprier la somme énoncée dans ladite quittance à lui comptée par ledit B...

En ajoutant ou faisant ajouter après coup, sur une quittance de la somme de 72 francs à lui délivrée par le sieur R..., commerçant, à valoir sur une somme plus forte qu'il devait à ce dernier pour fournitures de marchandises de son commerce, le chiffre 3 avant le nombre 72, et ce dans le but de constater faussement le payement d'une somme de 372 francs, tandis que ce payement n'avait été en réalité que de 72 francs.

En altérant ou faisant altérer, par la substitution du millésime 1841 au millésime 1840, et plus bas de la date 1er juin 1841 à la date du 5 juillet 1840, un reçu constatant la livraison de... par B... à M..., lequel est commerçant.

Registres. — D'avoir, en..., commis le crime de faux en écriture de commerce, en apposant ou faisant apposer sur le registre de H..., commissionnaire au Mont-de-piété, lequel en cette qualité est commerçant, en marge d'un acte de dépôt porté sous le numéro 3,126 et constatant l'engagement d'un coupon d'étoffe, la fausse signature B...

D'avoir, etc., en fabriquant ou faisant fabriquer sur le livre journal de sa maison de commerce de commissionnaire en marchandises, la mention, au nombre des valeurs qu'il possédait, d'une somme de 20,083 francs 70 centimes en espèces, dont il constituait le compte caisse débiteur envers le compte capital, tandis qu'il ne possédait réellement pas cette somme et ne l'avait pas en caisse ; mention dont le but était de tromper les tiers sur sa situation active et passive, et qui pouvait leur porter préjudice.

En inscrivant frauduleusement une seconde fois sur le livre de caisse de la maison W... et Cie les divers articles de dépense ci-après énumérés, et en altérant ainsi les faits que ce livre avait pour objet de constater, à savoir : 1° à la date du..., une somme de..., représentant les gages du domestique D... ; 2° à la date du..., une somme de..., représentant...

En inscrivant faussement sur le livre de caisse de la maison R..., à la date du..., pour l'acquit d'une facture au nom de P..., le payement d'une somme de 14 francs déjà acquittée le 22 du même mois, et en altérant ainsi les faits que ce livre avait pour objet de constater.

En inscrivant ou faisant inscrire, à la date du..., sur le même livre de caisse, la somme de 365 francs, comme payée à D..., tandis qu'elle ne lui avait pas été réellement payée, et en altérant ainsi les faits que ce livre avait pour objet de constater.

En inscrivant faussement au même livre, à la date du..., comme article de dépense, une somme de 65 francs, montant d'avances faites aux ouvriers M... et T..., qu'il aurait dû porter en recette, et en altérant ainsi les faits que ce livre avait pour objet de constater.

En inscrivant faussement au même livre, à la date du..., comme article de dépense, une somme de 26 francs 70 centimes payée à B..., au lieu de celle de 20 francs 70 centimes qui lui a été réellement payée, et en altérant ainsi les faits que ce livre avait pour objet de constater.

En inscrivant ou faisant inscrire sur les livres (*désigner exactement*) du sieur X..., commerçant, la fausse déclaration de la vente de..., pour faire croire audit X... que ledit objet avait été vendu, et en altérant ainsi...

En inscrivant ou faisant inscrire : 1° sur le livre journal numéro 1er de la société *l'Union des gaz*, folio 61, à la date du 30 novembre 1855, la mention : Compagnie impériale des verreries, apport de n. s. Salmon, solde dudit compte 537,253 francs 69 centimes; laquelle mention établissait que la société du Gaz était libérée envers la compagnie des Verreries d'une somme de 537,253 francs 69 centimes qui était encore due en réalité, et en altérant ainsi ou faisant altérer les faits que ledit livre avait pour objet de constater.

D'avoir..., en substituant ou faisant substituer à l'aide de grattages et de surcharges, sur le livre d'entrée et de sortie des marchandises de la maison de commerce X..., en regard de l'article numéro 50, les chiffres du nombre 56 aux chiffres du nombre 61, indicatif du vrai métrage d'une pièce de mérinos, à son entrée en magasin, et en altérant ou faisant altérer ainsi les faits que ledit registre avait pour objet de constater.

En altérant ou faisant altérer sur le livre de contrôle de la gérance d'un magasin de vins, exercée par la Mlle L..., les faits que ce livre avait pour objet de recevoir et de constater, en les dénaturant ainsi frauduleusement en constatant comme vrais des faits faux, savoir : 1° à la date du... septembre 1856, page 13, colonne 5, par la substitution d'un 0 au chiffre 1, à l'aide d'une surcharge sur le second chiffre, au nombre 11,069, de façon à porter le débit de la caissière à 10,069 au lieu de 11,069 francs; 2° à la date d'octobre 1856, page 14, colonne 3, par le report du nombre faux 10,069 sus-énoncé.

D'avoir, etc., en inscrivant ou faisant inscrire sur les registres destinés à constater l'emploi et le placement des billets de la loterie des Lingots d'or que le sieur L..., dont il était commis, s'était chargé de vendre moyennant une remise déterminée, et ce, de la part de D... (*l'accusé*), dans le but de dissimuler des détournements de billets de ladite loterie opérés par lui, et le produit des ventes qu'il en faisait à son profit, savoir :

Sur le livre d'expédition :

1° A la date du..., la mention d'une expédition de deux cents billets au sieur A..., quoique réellement aucun envoi ne lui en eût été fait *ou* quoiqu'il ne lui en eût réellement expédié que 50 ;

Sur le livre journal :

1° A la date du..., la mention, etc.

D'avoir, etc..., en apposant ou faisant apposer la fausse signature A... sur le registre de caisse tenu par X..., facteur pour la vente des viandes à la criée au marché des Prouvaires, à la colonne des émargements, et pour servir audit X... de décharge de la somme d'argent qu'au moment même D... (*l'accusé*) a touchée frauduleusement au préjudice de... Crimes prévus, etc.

Nota. Lorsqu'une accusation comprend à la fois des *détournements* et des *faux*, si ces faux ont eu pour but de dissimuler les détournements, les qualifications se font de cette manière : (V. *infrà*, art. 148.)

1° D'avoir, en..., détourné au préjudice de X..., dont il était commis, diverses sommes d'argent qui ne lui avaient été remises qu'à titre de mandat, à la charge, etc.

2° D'avoir, à la même époque, dans le but de dissimuler lesdits recouvrements, commis le crime de faux en écriture de commerce :

1° En inscrivant ou faisant inscrire, à la date du..., sur le livre journal ou le livre de caisse, folio..., de la maison de commerce X..., le chiffre 1,792 francs, comme représentant le total des sommes payées par A..., au lieu de la somme de 2,792 francs réellement soldée; *ou* la somme de 365 francs comme payée à D..., tandis qu'elle ne lui avait pas été réellement payée ; *ou* comme faite à V... une fourniture de... qui n'avait pas réellement eu lieu, etc., etc.

D'avoir, etc., en inscrivant ou faisant inscrire, dans le but de dissimuler lesdits détournements, sur le livre-journal de la maison de commerce B... ; — Au folio 122, sous la date du..., à l'article des profits et pertes, le chiffre faux de 271 francs, au lieu du chiffre réel de 71 francs ; — Au folio 181, sous la date du..., la fausse mention d'une somme de 47 francs accordée à titre d'escompte à la maison B..., au lieu de 29 francs, chiffre réel de cet escompte ; — Au folio 193, sous la date du..., la fausse mention de l'encaissement d'un effet de 132 francs, tandis que cet encaissement ne figure pas sur le livre de caisse.

Nota. De cette manière, on abrège... On est dispensé de dire : Et en altérant ainsi les faits que ce registre avait pour objet de constater (147) ; ce qui d'ailleurs n'exprime pas le but que s'est proposé l'agent, aussi nettement que ces mots : Dans le but de dissimuler lesdits détournements.

Titres au porteur. — D'avoir, en..., commis le crime de faux en écriture de commerce, en fabriquant ou faisant fabriquer des titres au porteur donnant droit à vingt-quatre parts de ... francs chacun, dans le cautionnement de la compagnie en liquidation du chemin de B..., faisant partie de l'actif de ladite compagnie, sous les dates, à Paris, des..., avec les fausses mentions et signatures suivantes : *le liquidateur*, T... ; *le chef du bureau*, P... ; savoir : 1° Un sous le numéro 3533 ; 2° Un sous le numéro 2117 ; 3° Un... Crime prévu par les art...

Art. 148. Usage de pièces fausses.

D'avoir, à la date du..., fait usage de ladite pièce fausse, ou desdits billet et endossements faux, ou des fausses acceptations apposées auxdites traites, sachant qu'elles étaient fausses.

Si la pièce n'a point encore été énoncée, on met :

D'avoir, etc., fait usage d'un billet faux de la banque d'Angleterre de la somme de..., daté de Londres, le..., portant le numéro..., sachant qu'il était faux.

De s'être, à la même époque, rendu complice du crime d'usage de ladite pièce fausse : 1° En donnant à S... des instructions pour le commettre, etc.

Nota. L'usage de plusieurs pièces fausses s'exprime par une seule qualification à la suite de chaque nature de faux : authentique, public, commercial, privé...

Les détournements ne sont qu'un usage du faux, s'ils sont postérieurs au faux ; au contraire, ils constituent des chefs d'accusation distincts, s'ils sont antérieurs et si les faux n'ont eu pour but que de les masquer. — V. *suprà*, formules sous l'art. 147, faux commercial.

V. notes sous l'art. 148 C. pén.

Art. 150. Faux en écriture privée.

Baccalauréat. — D'avoir, en..., commis le crime de faux en écriture privée, en fabriquant ou faisant fabriquer, sous la date du..., au nom de S..., et en signant du nom de S... une demande d'admission à l'examen du baccalauréat ès sciences adressée au recteur de la faculté de Paris, pour être autorisé à se présenter devant cette faculté à l'effet d'y subir les épreuves dudit examen. Crime prévu, etc...

Billet. — En fabriquant ou faisant fabriquer une reconnaissance à son profit de la somme de 150 francs, datée de..., le..., causée pour prêt, payable le..., et en y apposant ou faisant apposer la fausse signature L...

En fabriquant ou faisant fabriquer un billet à son ordre *ou* à l'ordre de... de la somme de 50 francs, daté de Fontainebleau, du 28 septembre 1855, payable le 1er novembre suivant, et en y apposant ou faisant apposer la mention *bon pour cinquante francs* et la fausse signature C...

En apposant ou faisant apposer au dos d'un billet de... francs, souscrit par L..., à l'ordre de C..., à la date du..., payable le..., la fausse signature C... pour valoir endossement.

V. *suprà* les formules sous l'art. 147, v° *Billet*.

En apposant ou faisant apposer sur un billet de 3,000 francs, souscrit par J... à son ordre, le..., payable le..., et au-dessous des mots *bon pour aval*, la fausse signature C.

En fabriquant ou faisant fabriquer un mandat de 60 francs causé valeur en compte, daté de..., le..., payable le..., chez C..., rue..., à Paris, et en y apposant ou faisant apposer la fausse signature L...

En fabriquant ou faisant fabriquer au dos dudit mandat un endossement valeur en compte, daté de..., le..., à l'ordre de G..., et en y apposant ou faisant apposer la fausse signature L...

Bon du trésor. — En fabriquant ou faisant fabriquer au dos d'un bon du Trésor public de la somme de..., visé au contrôle sous le numéro..., payable le..., à l'ordre de..., un endossement à son ordre, daté du..., et censé valeur reçue comptant, et en apposant ou faisant apposer audessous dudit endossement la fausse signature B...

Bulletin. — En fabriquant ou faisant fabriquer un bulletin d'abonnement à la compagnie de Publicité parisienne de la somme de 50 francs à payer par chaque mois, pendant six mois, daté du..., et en y apposant ou faisant apposer la fausse signature B...

En apposant ou faisant apposer la fausse signature M... au bas d'un bulletin daté du..., contenant demande à E... de trente-six insertions dans des journaux et engagement d'en payer le prix.

Cautionnement. — En fabriquant ou faisant fabriquer un acte de cautionnement d'un crédit de... ouvert par L... et compagnie au profit de X..., ledit acte de cautionnement souscrit sous les noms de N..., en date, à Paris, du..., et en apposant ou faisant apposer audit cautionnement la fausse signature N...

Facture. — En fabriquant ou faisant fabriquer au bas d'une facture Samuel Lévy datée du..., relative à une paire de boutons en diamants du prix de 1,200 francs, une obligation par la dame X... de payer, au mois d'avril suivant, le montant de ladite facture, et en apposant ou faisant apposer au bas de ladite obligation la fausse signature de la dame X...

En fabriquant ou faisant fabriquer au bas d'une facture de cuir une quittance de 30 francs pour solde, et en y apposant ou faisant apposer la fausse signature *Dubois*.

Lettre missive. — En fabriquant ou faisant fabriquer une lettre missive, sous la date du..., adressée au sieur M..., contenant la demande du prêt d'une somme de..., avec promesse d'en faire le remboursement le..., et en y apposant ou faisant apposer la fausse signature C...

Ou un écrit adressé à X..., par lequel le signataire dudit écrit demandait qu'on remît à celui qui en était porteur une somme de..., à titre de prêt, et en apposant ou faisant apposer, etc.

— Une lettre missive datée du..., adressée au sieur W..., contenant demande d'un délai de payement et obligation de garantie, à défaut de protêt, et en y apposant ou faisant apposer la fausse signature B...

— Une lettre missive datée de..., le..., adressée à B... et contenant invitation audit B... d'escompter un billet de... francs, et en apposant ou faisant apposer au bas de cette lettre missive la fausse signature D..., ledit faux de nature à porter préjudice à autrui.

Nota. Lorsque le préjudice ne résulte pas nécessairement du caractère de la pièce, la chambre d'accusation s'attache, dans ses qualifications, à faire ressortir ce préjudice, expliquant le but que se proposait l'accusé. En voici encore des exemples :

D'avoir, etc., en fabriquant ou faisant fabriquer une lettre missive datée de..., le..., adressée à L..., avocat, et dans laquelle l'auteur prétendu de ladite lettre lui dénonce faussement que, dans une démarche par lui faite avec l'accusé chez le beau-frère de ce dernier, il y avait vu beaucoup de papiers appartenant à l'accusé et y avait fait une recherche ; ladite lettre destinée à être produite dans un procès, et de nature à porter préjudice à autrui.

D'avoir, etc., en substituant sur une lettre missive adressée par L... à D..., le..., et annonçant à ce dernier l'envoi d'une somme d'argent, le chiffre 6 au chiffre 7, dans l'indication du montant de ladite somme, de manière à réduire cette somme à 600 francs au lieu de 700 francs que portait la lettre, et en ajoutant sur la même lettre, à côté de la signature L..., les mots *six cents francs*, le tout dans le but de s'approprier une somme de 100 francs sur celle de 700 francs qui lui avait été confiée par L...

V. sous l'art. 147, n° 38, C. pén.

Livret. — D'avoir, etc., en fabriquant ou faisant fabriquer sur un livret appartenant à l'administration du journal *le...*, dont le sieur R... était directeur, au bas de l'énonciation du nombre des exemplaires de journaux à expédier par la poste et des sommes y portées pour en payer l'affranchissement, l'initiale L... et un paraphe faussement attribués à l'un des employés de l'administration des postes et destinés à constater aux yeux du sieur R... que les exemplaires desdits journaux avaient été déposés et affranchis.

En apposant ou faisant apposer sur un livret de la Caisse d'épargne de Paris, appartenant à D... et portant le numéro 5133, la fausse mention d'un versement de 200 francs, et en y apposant ou faisant apposer les fausses signatures de P... et de S..., le premier, agent général, et le second, caissier dudit établissement, et ce dans le but de s'approprier ladite somme qui lui avait été confiée.

Quittance. — D'avoir, en..., commis, etc., en fabriquant ou faisant fabriquer un acte sous seing privé contenant quittance par A... au profit de B... d'une somme de..., prêtée, et contenant en outre décharge au profit de B... de tout ce qu'il devait audit X..., et en apposant, etc.

En insérant après coup dans un mémoire d'honoraires dressé par X..., et au-dessus de la signature X..., les mots *pour acquit*, destinés à opérer décharge à son profit.

En ajoutant sur une quittance de 8 francs 75 centimes, qui lui avait été délivrée, le 10 du même mois, par G..., pour son père, le chiffre 2 avant le chiffre 8, de manière à élever, au préjudice de ce dernier, à la somme de 28 francs 75 centimes la décharge qu'il avait obtenue pour une somme de 8 francs 75 centimes seulement.

En fabriquant ou faisant fabriquer au dos d'un mandat sur la Banque de France de la somme de..., délivré à Montpellier, le..., à l'ordre de G..., un faux *pour acquit*, et en y apposant ou faisant apposer la fausse signature Giles, avec la mention de l'adresse, rue...

En insérant ou faisant insérer après coup dans une quittance de la somme de 50 francs, en date du..., et signée M..., une double décharge à son profit de la somme de 480 francs et de celle de 360 francs. Crimes prévus, etc...

Police d'assurance. — D'avoir, en..., etc., en apposant ou faisant apposer au bas d'un contrat d'assurance contre l'incendie, daté du..., contenant obligation de la part de l'assuré de payer à la compagnie une prime annuelle de..., la fausse signature S...

Testament. — D'avoir, en..., etc., en faisant ajouter, par une surcharge, le mot *un* à la suite de la date d'un testament olographe de la dame P..., du..., contenant un legs de... au profit de la femme L..., de manière à attribuer audit testament la fausse date du 25 juin 1851, et ce dans le but de lui donner effet au préjudice de la clause révocatoire contenue dans un testament subséquent du 15 juin 1851.

D'avoir, en..., dans l'intention de s'approprier frauduleusement la succession de..., au préjudice des héritiers légitimes ou testamentaires, commis le crime de faux en écriture privée, en fabriquant ou faisant fabriquer un faux testament, en date du..., contenant un legs universel au profit de..., et en y apposant ou faisant apposer la fausse signature X... Crime..., etc.

Traité de remplacement. — En fabriquant ou faisant fabriquer, sous les faux noms de B..., un traité de remplacement militaire contracté avec le sieur C..., et en y apposant ou faisant apposer la fausse signature dudit B...

En fabriquant ou faisant fabriquer, à la date du..., un acte sous seing privé dans lequel, prenant les faux noms de C..., il déclarait frauduleusement remplir les conditions exigées par la loi pour être admis comme remplaçant, et s'obligeait envers la compagnie B... à remplacer dans les armées françaises, moyennant 975 francs, toute personne qui lui serait ultérieurement désignée, et en apposant ou faisant apposer au bas dudit acte la fausse signature S... Crime prévu, etc.

Vente. — En fabriquant ou faisant fabriquer un acte sous seing privé, en date, etc., contenant vente par A... à D... de tel objet, moyennant..., et en y apposant ou faisant apposer : 1° la fausse signature A... ; 2° la fausse signature B... Crime prévu, etc.

Art. 151. Usage. Faux privé.

D'avoir, en..., fait usage, sachant qu'elles étaient fausses : 1° d'une fausse reconnaissance de 1,000 francs par les époux R... au profit de L..., datée de Chartres, le..., payable le..., et au bas de laquelle sont apposées la fausse mention *j'approuve l'écriture ci-dessus*, et la fausse signature *femme R...*, ce qui constitue le crime de faux en écriture privée, aujourd'hui couvert par la prescription ; 2° Etc.

D'avoir, en..., fait usage, pour se faire vendre par un pharmacien une substance vénéneuse, d'une prescription en date du..., contenant en toutes lettres la dose de cette substance, ainsi que le mode d'administration du médicament, et au bas de laquelle était apposée la fausse signature N..., *médecin vétérinaire*, ledit faux étant de nature à porter préjudice à autrui, sachant (*nom de l'accusé*) que la pièce ci-dessus qualifiée était fausse. Crime prévu par les art. 150, 151, 164.

V. les formules sous l'art. 148.

Nota. L'usage se confond avec la fabrication dans le cas d'un récépissé sur un registre donné sous un faux nom. — V. sous l'art. 148, n° 21 et suiv.

Art. 153 et suiv. Faux dans les passe-ports.

D'avoir, en..., fabriqué ou fait fabriquer un passe-port sous le nom de..., à la date du...

Ou pris dans un passe-port en date du... le nom de... qui est supposé. Délit prévu, etc.

Art. 156. Faux dans les feuilles de route.

D'avoir, en..., fabriqué ou fait fabriquer une fausse feuille de route sous le nom de..., datée de... et de s'être, à l'aide de ladite pièce fausse, fait payer, au préjudice du trésor public, des frais de route qui ne lui étaient pas dus *ou* qui excédaient ceux auxquels il pouvait avoir droit, lesquels néanmoins étaient au-dessous de 100 fr. *ou* lesquels excédaient 100 fr. Délit prévu...

Art. 161. Faux certificats de bonne conduite, d'indigence.

D'avoir, en..., fabriqué ou fait fabriquer, sous le nom du maire de..., un certificat de bonne conduite ou d'indigence et d'autres circonstances propres à appeler la bienveillance des particuliers sur la personne de... y désignée, et à lui procurer des secours.

D'avoir, en..., fait, sur ledit certificat, une fausse empreinte du timbre de la mairie de...

Délits prévus par l'art. 161.

V. sous l'art. 161 C. pén., n°s 8 et 9.

Art. 162. Faux certificats de toute autre nature.

D'avoir, en..., à..., commis un faux en écriture authentique et publique dans l'intention de nuire à autrui, en se faisant délivrer, par le maire de *telle* commune, conformément à l'art. 20 de la loi du 21 *mars* 1832 sur le recrutement, un certificat daté du..., constatant faussement qu'il n'était pas marié et qu'il était domicilié à..., et en altérant ainsi, dans un acte du ministère de ce fonctionnaire public, les faits que cet acte avait pour effet de constater.

D'avoir, en..., commis le crime de faux en écriture authentique et publique, en fabriquant ou faisant fabriquer, à la date du..., dans la forme prescrite par l'art. 16 de la loi du 21 mars 1832, sur le recrutement, un certificat signé de trois pères de famille domiciliés, approuvé et signé par le maire de la commune de M..., et constatant faussement que L... père, étant né le 22 février 1784, et par conséquent étant, au jour du certificat, entré dans sa 70e année, L..., son fils unique, avait droit à l'exemption du service militaire ; tandis qu'en réalité L... père est né seulement le 7 octobre 1785, et n'était pas encore entré, au jour du certificat, dans sa 70e année, et qu'ainsi L... fils n'avait pas droit à l'exemption. Crime prévu, etc.

V. sous l'art. 162 C. pén., n°s 20 et 31.

Art. 169 et suiv. Soustractions par des comptables publics.

D'avoir, en..., étant dépositaire *ou* comptable public, détourné *ou* soustrait des effets actifs tenant lieu de deniers..., lesquels étaient entre ses mains en vertu de ses fonctions, et d'une valeur au-dessus de 3,000 francs.

D'avoir, en..., étant commis de l'administration des postes, et, en cette qualité, dépositaire public, détourné *ou* soustrait tels objets appartenant à X..., qui étaient entre ses mains en vertu de ses fonctions de (*indiquer les fonctions*), lesquels objets étaient d'une valeur au-dessus de 3,000 francs ;

Ou bien : la valeur desquels objets égalait ou excédait le tiers des deniers reçus par ledit... (*l'accusé*) ; — *ou* des deniers déposés entre les mains dudit... (*l'accusé*) ;

Ou bien : la valeur desquels objets égalait ou excédait le tiers du cautionnement attaché à la place de l'accusé ;

Ou bien : la valeur desquels objets égalait ou excédait le tiers du produit commun de la recette que faisait l'accusé pendant un mois.

D'avoir, en..., étant commis à une perception de deniers publics, détourné *ou* soustrait des deniers publics qui étaient entre ses mains en vertu de ses fonctions, et qui étaient d'une valeur au-dessus de 3,000 francs.

D'avoir, en..., étant commis par la loi à la perception des droits d'enregistrement dus par les adjudicataires des travaux communaux, détourné ou soustrait, etc.

D'avoir, dans le cours des années..., étant secrétaire de la mairie de..., et comme tel commis à une perception et dépositaire public, détourné une somme de..., formant le produit de la délivrance des actes de l'état civil de la commune pendant une année, et qui était entre ses mains en vertu de ses fonctions, ladite somme... excédant le tiers du produit commun pendant un mois.

Ou la somme de..., montant du prix de concessions de terrains faites dans le cimetière de... et qui... (*comme ci-dessus*.) Crime prévu, etc.

Art. 173. Soustractions par des fonctionnaires publics.

D'avoir, le..., étant commis au bureau du départ *ou* facteur de l'administration des postes, et, en cette qualité, agent du gouvernement, détourné une lettre confiée à la poste, adressée à M..., poste restante, à Valenciennes, contenant un bon au porteur de la somme de 288 fr. sur le Comptoir national d'escompte, lesquels lettre et bon au porteur lui avaient été remis, à raison de ses fonctions;

Ou bien : une lettre contenant un mandat sur la poste de la somme de..., à la date du..., au nom de... lesquels lettre et mandat, etc.;

Ou bien : diverses lettres contenant des titres, tels que billets de banque et de commerce, lesquels lettres et titres, etc.

V. sous l'art. 173, nos 4 et 5.

Ou bien : supprimé, soustrait ou détourné 1° un mandat de 100 francs sur la poste dans une lettre adressée au sieur X...; 2° la lettre ci-dessus mentionnée adressée au sieur X..., et datée du...

Et d'avoir, en..., soustrait ou enlevé des effets, des marchandises dits échantillons, contenus dans un dépôt public. Crimes prévus par les art. 173...

V. sous l'art. 169, n° 8, et sous l'art. 173, nos 7 et 8.

Art. 174. Concussions.

D'avoir, en..., dans l'exercice de ses fonctions de..., commis le crime de concussion en exigeant et recevant de X... des sommes qu'il savait n'être pas dues, *ou* excéder ce qui était dû pour droits... (*spécifier en prenant l'une des dénominations de l'art.* 174); lesdites sommes supérieures à 300 fr.

Ou pour salaire ou traitement.

D'avoir, le..., étant secrétaire en chef de la sous-préfecture de..., et, à ce titre, délégué directement par la loi et l'autorité administrative pour la perception des droits et frais des adjudications des travaux publics et communaux dans l'arrondissement de..., commis le crime de concussion en exigeant et en recevant des sommes qu'il savait n'être pas dues, ou excéder ce qui était dû pour lesdits droits et frais, et ce notamment des sieurs...; lesdites sommes supérieures à 300 fr. Crime prévu, etc.

Art. 177. Corruption des fonctionnaires.

D'avoir, en..., étant... (*désigner la fonction*), et, en cette qualité, fonctionnaire public, *ou* agent d'une administration publique, agréé des offres *ou* reçu une somme de... pour faire *telle* chose de son emploi *ou* de sa fonction, même juste, mais non sujette à salaire.

Ou pour s'abstenir de faire *telle* chose, *par exemple*, de transmettre à l'autorité compétente des procès-verbaux relatifs à des délits soumis à sa surveillance, et de faire ainsi des actes qui entraient dans l'ordre de ses devoirs. Crime prévu, etc.

Art. 179. Corruption. Corrupteur.

D'avoir, en..., contraint *ou* tenté de contraindre par voies de fait ou menaces, le sieur X... (*indiquer la fonction*), pour obtenir de lui qu'il fît telle chose, acte de sa fonction;

Ou corrompu *ou* tenté de corrompre par promesses, offres, dons et présents, le sieur X..., préposé ou agent de l'administration publique, pour obtenir de lui une opinion favorable dans l'affaire poursuivie contre N..., sans que cette tentative ait eu aucun effet.

Nota. Les circonstances de l'art. 2 ne doivent pas être relevées.

V. notes sous ledit art. 179.

Art. 184. Violation de domicile.

De s'être, en..., étant... (*désigner la fonction*), et agissant en cette qualité, introduit dans le domicile de X..., contre son gré, hors les cas prévus par la loi, et sans les formalités qu'elle a prescrites.

De s'être, en..., introduit à l'aide de menaces et violences dans le domicile de... Délit prévu, etc.

Art. 186. Abus d'autorité.

D'avoir, en..., étant... (*désigner la fonction*), dans l'exercice de ses fonctions, fait volontairement et sans motif légitime une blessure à P..., ladite blessure ayant occasionné audit P... une incapacité de travail personnel de plus de vingt jours. Crime prévu par les art. 186 et 198.

Art. 187. Violation de secret des lettres.

D'avoir, en..., étant agent de l'administration des postes, ouvert une lettre confiée à la poste, et adressée par A... à X... Délit prévu par l'art. 187 C. pén.

Art. 198. Crimes ou délits commis par des fonctionnaires.

D'avoir, en..., étant... (*désigner la fonction*), dans l'exercice de ses fonctions, soustrait frauduleusement, la nuit, à l'aide d'effraction, dans une maison habitée, au préjudice de...

Ou dans un bois soumis à sa surveillance, volontairement mis le feu à des bois abattus en tas, appartenant à autrui. Crime prévu, etc.

V. sous l'art. 198, nos 1 et suiv.

Art. 209. Rébellion.

D'avoir, en..., attaqué avec violences et voies de fait un agent de la force publique agissant pour l'exécution des lois;

Ou resisté avec violences et voies de fait, envers... (*comme ci-dessus*).

Ou commis une attaque, une résistance, avec violences et voies de fait, envers *tel*, garde champêtre, agissant pour l'exécution des lois. Délit prévu par...

Art. 210. Rébellion en réunion de plus de vingt personnes.

D'avoir, en..., commis une attaque, une résistance, avec violences et voies de fait, en réunion de plus de vingt personnes armées, envers *tel*, garde champêtre, agissant pour l'exécution des lois;

Ou de plus de vingt personnes, dont plus de deux portaient des armes ostensibles, etc. Art. 210 et 214.

Art. 211. Rébellion en réunion de moins de vingt personnes.

D'avoir, en..., commis une attaque, une résistance avec violences et voies de fait, en réunion armée de trois personnes ou plus, mais moins de vingt, envers, etc.

Art. 212. Rébellion avec bande.

V. formule sous l'art. 211.

Art. 215. Personnes munies d'armes cachées.

D'avoir, en..., commis une attaque, une résistance, avec violences et voies de fait, en réunion de trois personnes ou plus, mais non excédant vingt, *ou* de plus de vingt personnes étant munies d'armes cachées, envers *tel*, etc.

V. formules sous l'art. 210.

Art. 222 et suiv. Outrages aux magistrats.

D'avoir, en..., outragé par paroles, dans l'exercice de ses fonctions, *ou* à l'occasion de cet exercice, le sieur... (*indiquer la qualité*), ledit outrage tendant à inculper l'honneur *ou* la délicatesse de ce dernier. Délit prévu, etc.

Art. 224 et suiv. Outrages aux officiers ministériels et agents de la force publique.

D'avoir, en..., outragé, par paroles, gestes *ou* menaces, des agents dépositaires de la force publique dans l'exercice de leurs fonctions; ledit outrage tendant à inculper l'honneur ou la délicatesse desdits agents. Délit prévu, etc.

Art. 228 et suiv. Violences envers les magistrats.

D'avoir, le..., volontairement porté des coups au sieur X... (*dire la qualité*), dans l'exercice de ses fonctions *ou* à l'occasion de l'exercice de ses fonctions.

D'avoir, le..., à l'audience de la cour impériale de... (ou tribunal de première instance de...), volontairement porté des coups au sieur X..., dans l'exercice de ses fonctions.

Lesquels coups ont été la cause d'effusion de sang et de blessures *ou* de maladie. Art. 231.

Ou desquels coups la mort s'est ensuivie dans les quarante jours. Art. 231.

Art. 230 et suiv. Violences envers les officiers ministériels et agents de la force publique.

D'avoir, en..., frappé un officier ministériel *ou* un agent de la force publique, pendant qu'il exerçait son ministère *ou* à l'occasion de l'exercice de son ministère.

D'avoir, en..., frappé X..., gardien à la maison centrale de..., et à ce titre chargé d'un ministère de service public, dans l'exercice de ce ministère ou à l'occasion, etc.

Lesquelles violences ont été la cause de blessures, effusion de sang *ou* maladie. Art. 231.

Art. 231. Violences envers les magistrats et les officiers ministériels et agents de la force publique, suivies d'effusion de sang, de blessures...

V. les formules sous les art. 228 et 230 ci-dessus.

Art. 232. Violences avec préméditation et de guet-apens.

D'avoir, le..., volontairement et avec préméditation *ou* de guet-apens, *ou* avec préméditation et de guet-apens, porté des coups au sieur X... (*dire sa qualité*), à l'occasion de l'exercice de ses fonctions *ou* dans l'exercice de ses fonctions.

Ajouter, s'il y a lieu : lesquels coups... *ou* desquels coups...

V. les formules sous l'art. 228.

Art. 233. Violences envers les magistrats, officiers ministériels et agents de la force publique, avec intention de donner la mort.

D'avoir, en..., volontairement porté des coups et fait des blessures au sieur X..., garde champêtre de la commune de..., et à ce titre agent de la force publique, dans l'exercice de ses fonctions *ou* à l'occasion de l'exercice de ses fonctions, lesquelles violences ont été exercées avec intention de lui donner la mort et ont été la cause d'effusion de sang, blessures *ou* maladie. Art. 228, 230, 231, 233.

Ou d'avoir, en..., volontairement et avec préméditation, porté des coups et fait des blessures au sieur B..., gardien de la maison centrale de..., et à ce titre chargé d'un ministère de service public, dans l'exercice de ses fonctions, lesquelles violences, exercées avec intention de lui donner la mort, ont été la cause d'effusion de sang, de blessures et de maladie; laquelle tentative d'homicide volontaire, manifestée par un commencement d'exécution, etc. Art. 228, 233 et 302.

V. notes et formules sous les art. 304 et 295.

Art. 238. Évasion de détenus.

D'avoir, en..., étant gardien de la maison de justice de..., et en cette qualité préposé à la garde du détenu X..., par connivence *ou* négligence, facilité l'évasion dudit X..., détenu et prévenu d'un délit de police *ou* d'un crime de nature à entraîner une peine infamante. Art. 239, 240.

D'avoir, en..., procuré ou facilité, par connivence *ou* négligence, l'évasion du nommé X..., détenu, qui était accusé d'un crime, etc., *ou* condamné à la peine de... Art. 239 et 240.

Art. 241 et suiv. Évasion de détenus avec violences et bris de prison, par complicité des gardiens et autres.

D'avoir, en..., pour favoriser l'évasion qui a été tentée avec violence *ou* bris de prison, du nommé X..., détenu et accusé de..., fourni des instruments propres à l'opérer.

D'avoir, en..., en corrompant les gardiens et geôliers *ou* de connivence avec les gardiens ou geôliers, procuré ou facilité l'évasion du nommé X..., détenu et accusé de...

D'avoir, en..., par transmission d'armes, favorisé l'évasion qui a eu lieu *ou* a été tentée avec violences *ou* bris de prison, du nommé X..., détenu et accusé de... Crime *ou* délit prévu, etc.

Art. 245. Évasion de détenus par bris de prison.

De s'être, en..., étant détenu, évadé par bris de prison *ou* par violence. Délit prévu, etc.

Art. 249 et **250**. Bris de scellés.

D'avoir, en..., par négligence, facilité le bris de scellés apposés par ordre du Gouvernement *ou* par suite d'une ordonnance de justice, et dont il était gardien.

Ledit bris de scellés s'appliquant à des papiers et effets d'un individu prévenu *ou* accusé d'un crime emportant, etc. Délit prévu, etc.

Art. 251. *Idem.*

D'avoir, en..., à dessein, brisé des scellés apposés sur des papiers ou effets d'un individu prévenu *ou* accusé d'un crime emportant, etc.

Art. 252. *Idem.*

D'avoir, en..., brisé des scellés apposés par suite d'une ordonnance de justice au domicile de..., dont il était gardien. Délit, etc.

Art. 254. Soustractions de pièces dans des dépôts publics.

D'avoir, en..., soustrait frauduleusement *tel objet contenu en tel lieu*, lequel est un dépôt public; *par exemple* : dans les ateliers de l'hôtel des Monnaies de Paris, lequel est un dépôt public, des flans en cuivre qui y étaient déposés.

D'avoir, en..., soustrait frauduleusement en l'étude de M[e]... notaire et en ladite qualité dépositaire public, *telle pièce*, laquelle avait été remise audit notaire pour être inventoriée, et dès lors en sa qualité de notaire. Délit, etc.

Art. 255. Soustractions dans un dépôt public.

D'avoir, en..., dans un dépôt public de la Préfecture de police, à Paris, soustrait frauduleusement des sommes d'argent et des valeurs mobilières dont il était lui-même dépositaire. Crime prévu, etc.

Art. 257. Dégradation de monuments.

D'avoir, en..., détruit *ou* dégradé... *(désigner l'objet)*, lequel est un monument public, *ou* est destiné à la décoration *ou* à l'utilité publique. Délit prévu, etc.

Art. 258. Usurpation de fonctions.

De s'être, en..., sans titre, immiscé dans des fonctions publiques;

Ou d'avoir fait *tel* acte qui appartient à une fonction publique. Délit prévu, etc.

Art. 259. Port illégal d'un costume ou d'une décoration.

D'avoir, en..., porté publiquement la décoration de l'ordre de..., qui ne lui appartient pas.

D'avoir, en..., sans droit et en vue de s'attribuer une distinction honorifique, publiquement changé le nom que lui assignait l'acte de l'état civil constatant sa naissance. Délit prévu, etc.

Art. 260 et suiv. Entraves à l'exercice des cultes.

D'avoir, en..., empêché, retardé *ou* interrompu les exercices du culte, par des troubles *ou* désordres commis dans le temple servant à ces exercices. Délit prévu, etc.

Art. 266 et suiv. ASSOCIATION DE MALFAITEURS.

D'avoir, en..., fait partie d'une association de malfaiteurs envers les propriétés, ayant fait entre eux des conventions tendantes à rendre compte et à faire distribution du produit des méfaits.

Ou d'avoir, en..., fait partie d'une bande de malfaiteurs organisée pour commettre des vols, dont il était le commandant en chef, *ou* dans laquelle il était chargé d'un service. Crime prévu, etc.

Art. 271. VAGABONDAGE.

De n'avoir ni domicile certain ni moyens de subsistance, et de n'exercer habituellement ni métier ni profession, et d'être conséquemment en état de vagabondage. Délit prévu, etc.

Art. 274. MENDICITÉ.

D'avoir, en..., été trouvé mendiant à..., lieu pour lequel il existe un établissement public organisé afin d'obvier à la mendicité. Délit prévu, etc.

Art. 275. MENDICITÉ D'HABITUDE.

D'avoir, en..., étant valide, mendié d'habitude à..., lieu pour lequel il n'existe pas d'établissement public organisé afin d'obvier à la mendicité, — hors du canton de sa résidence. Délit prévu, etc.

Art. 276. MENDICITÉ AVEC CIRCONSTANCES.

D'avoir, en..., mendié :
En usant de menaces;
En entrant sans permission du propriétaire, etc.;
En simulant des infirmités;
En réunion.
Délit prévu, etc.

Art. 277, 278. MENDIANTS OU VAGABONDS, PORTEURS D'ARMES OU MUNIS D'INSTRUMENTS.

D'avoir, le..., en mendiant *ou* étant en état de vagabondage, été saisi nanti d'un instrument propre à commettre des vols et à lui procurer les moyens de pénétrer dans les maisons;

Ou d'un effet d'une valeur supérieure à 100 francs. Délit prévu, etc.

Art. 279. MENDIANTS OU VAGABONDS AYANT EXERCÉ DES VIOLENCES.

D'avoir, le..., étant en état de mendicité *ou* de vagabondage, volontairement porté des coups et fait des blessures à...

Art. 291 et suiv. ASSOCIATIONS OU RÉUNIONS ILLICITES.

D'avoir, en..., formé sans l'autorisation du Gouvernement une association de plus de vingt personnes, dont le but était de se réunir à certains jours marqués pour s'occuper d'objets religieux, politiques, littéraires et autres. Délit prévu, etc.

Art. 295. MEURTRE.

D'avoir, le..., volontairement tiré sur la personne de A... un coup de fusil qui a causé sa mort, sans intention de tuer A..., mais dans l'intention de tuer B..., et en croyant tirer sur ce dernier.

V. sous l'art. 295, n° 14.

D'avoir, le..., commis volontairement un homicide sur la personne du sieur X..., pendant qu'il exerçait ses fonctions de... *ou* à l'occasion de ses fonctions de... Art. 295 et 233.

D'avoir, le..., dans l'exercice de ses fonctions de... et sans motifs légitimes, commis volontairement un homicide sur la personne de X... Crime prévu par les art. 186 et 295.

Art. 296. ASSASSINAT.

D'avoir, en..., commis volontairement et avec préméditation, *ou* de guet-apens, *ou* avec préméditation et de guet-apens, un homicide sur la personne de... — *Ou* une tentative d'homicide sur la personne de..., laquelle tentative, manifestée par un commencement d'exécution, a manqué son effet seulement par des circonstances indépendantes de la volonté dudit M...

D'avoir, en..., volontairement et avec préméditation, donné la mort à M..., sa fille naturelle, par l'effet de blessures et de sévices successifs. Crime prévu, etc.

Art. 299. PARRICIDE.

D'avoir, en..., volontairement commis un homicide sur la personne de..., son père légitime. Crime prévu, etc.

Nota. La circonstance de la préméditation n'a pas besoin d'être relevée dans la qualification.

Art. 300. INFANTICIDE.

D'avoir, en..., commis volontairement un homicide *ou* une tentative d'homicide sur la personne de son enfant nouveau-né, *ou* de l'enfant nouveau-né de la fille N..., laquelle tentative, etc. Art. 2 et 302 C. pén.

Ou contre N..., d'avoir, en..., volontairement donné la mort à son enfant nouveau-né. Crime prévu, etc.

Art. 301. EMPOISONNEMENT.

D'avoir, en..., attenté à la vie de..., par l'effet de substances pouvant donner la mort.

D'avoir, le..., tenté de commettre un attentat à la vie de B..., par l'effet de substances pouvant donner la mort, laquelle tentative, etc.

D'avoir, le..., commis une tentative de parricide sur la personne de son père légitime, en attentant à la vie dudit par l'effet de substances pouvant donner la mort, laquelle tentative, etc.

Crime prévu, etc.

Art. 302. ASSASSINAT, PARRICIDE, INFANTICIDE.

V. plus haut les art. 296, 299, 300 et 301. Cet art. 302 est le seul que cite la chambre d'accusation pour l'assassinat, le parricide, l'infanticide et l'empoisonnement. Les articles précédents ne renferment que des définitions.

Art. 303. CRIMES AVEC TORTURES.

D'avoir, le..., commis volontairement un homicide sur la personne de N..., en employant pour l'exécution de ce crime des tortures, ou en commettant des actes de barbarie envers ledit N...

Ou d'avoir, le..., volontairement et avec préméditation, commis un homicide sur la personne de..., sa fille naturelle, par l'effet de sévices successifs et de blessures. Crime prévu, etc.

Art. 304. MEURTRE AVEC CIRCONSTANCES.

D'avoir, en..., volontairement commis un homicide sur la personne de..., lequel homicide a précédé, suivi ou accompagné le crime ci-après spécifié (ou ci-dessus spécifié).

Ou a été commis simultanément avec le crime ci-après spécifié.

Ou lequel homicide a eu pour objet de préparer, faciliter *ou* exécuter le délit ci-après spécifié.

Ou lequel homicide a eu pour objet de favoriser la fuite ou d'assurer l'impunité de l'auteur du délit ci-après spécifié.

D'avoir, le..., commis volontairement une tentative d'homicide sur la personne de..., laquelle tentative, manifestée par un commencement d'exécution, a manqué son effet, etc.; ladite tentative ayant accompagné *ou* suivi le crime de vol ci-après spécifié.

D'avoir, à la même époque, soustrait frauduleusement sur un chemin public, étant porteur d'une arme, et à l'aide de violence, laquelle a laissé des traces de blessures ou de contusions, une somme d'argent appartenant à...

Contre... 1° de s'être, à la même époque, rendu complice du vol ci-dessus spécifié : 1° en aidant et assistant avec connaissance son auteur dans les faits qui l'ont préparé, etc.; 2° en recélant tout ou partie des objets volés, sachant qu'ils provenaient de vol, et sachant, au temps du recel, que l'homicide de la veuve D... avait précédé, accompagné *ou* suivi le vol commis au préjudice de celle-ci, *ou* avait eu pour objet de le préparer, faciliter *ou* exécuter, soit de favoriser sa fuite, etc.;

2° De s'être, à la même époque, rendu complice de l'homicide ci-dessus spécifié en aidant et assistant, etc. Art. 59, 60, 62, 63, 302, 304, 386 C. pén.

D'avoir, en..., chassé la nuit, sans permis de chasse, étant muni d'une arme, dans le bois de C..., sur le territoire de..., et appartenant au prince de W..., sans le consentement du propriétaire.

D'avoir, à la même époque et au même lieu, dans le but de favoriser sa fuite et d'assurer l'impunité du délit de chasse ci-dessus qualifié, commis volontairement une tentative d'homicide sur la personne de M..., garde particulier du prince de W..., laquelle tentative d'homicide, manifestée, etc.

Ou tiré volontairement sur la personne de M..., garde champêtre de la commune de..., et en cette qualité agent de la force publique dans l'exercice de ses fonctions, avec intention de lui donner la mort, un coup de feu qui lui a fait des blessures, laquelle tentative d'homicide volontaire manifestée, etc.

Crime et délit connexes prévus par les art. 1, 11, 12, 16, 18 L. 3 mai 1844; 2, 228, 230, 233, 295 et 304 C. pén.

V. sous l'art. 304, n° 26, C. pén.

Art. 305 et suiv. MENACES PAR ÉCRIT.

D'avoir, en..., par écrit anonyme, *ou* par un écrit portant *telle* signature, daté du..., menacé d'assassinat le nommé D..., s'il n'acceptait pas de bonne volonté le duel qu'il lui proposait, *ou* ne satisfaisait pas à l'ordre de faire *telle* chose.

D'avoir, en..., par un écrit signé, daté du..., menacé d'assassiner le nommé B... Délit prévu, etc.

Art. 307. MENACES VERBALES.

D'avoir, en..., menacé verbalement X..., son père légitime, d'homicide volontaire, s'il ne lui remettait pas de l'argent.

D'avoir, en..., menacé verbalement X... d'assassinat sur sa personne, s'il ne satisfaisait pas à l'ordre de faire *telle* chose... Délit prévu par les art. 307, 308.

Art. 309. COUPS ET BLESSURES.

D'avoir, en..., volontairement porté des coups et fait des blessures à B..., desquels coups et blessures... ou commis des violences... voies de fait, desquelles il est résulté pour ledit B... une incapacité de travail personnel pendant plus de vingt jours.

D'avoir, en..., volontairement porté des coups et fait des blessures à X..., lesquels coups portés et blessures faites sans intention de donner la mort l'ont pourtant occasionnée. Crime prévu, etc.

Art. 310. COUPS ET BLESSURES AVEC GUET-APENS.

D'avoir, en..., avec préméditation et guet-apens, volontairement porté des coups et fait des blessures à X..., desquels coups et blessures..., *ou* lesquels coups et blessures... V. sous l'art. 309.

Art. 311. Coups et blessures sans maladie ou incapacité de travail.

D'avoir, en..., volontairement porté des coups *ou* fait des blessures à... Délit prévu, etc.

Art. 312. Coups et blessures aux père et mère.

D'avoir, en..., volontairement porté des coups et fait des blessures à X..., son père légitime *ou* naturel, desquels coups et blessures il est résulté, *ou* lesquels coups portés et blessures faites... (*Comme en l'art.* 309.)

Art. 314.....

D'avoir, en..., été trouvé porteur d'armes prohibées. Délit prévu par l'art. 1er de la loi du 24 mai 1834.

Art. 317. Avortement.

D'avoir, en..., par aliment..., violence ou au moyen d'une opération, procuré l'avortement de la femme X..., alors enceinte.

De s'être, en..., étant enceinte, procuré à elle-même un avortement à l'aide de breuvages et de médicaments qu'elle a pris à cet effet, lequel avortement s'en est suivi.

D'avoir, en..., consenti à faire usage des moyens à elle indiqués *ou* administrés, dans le but de se procurer un avortement qui s'en est suivi.

D'avoir, en..., étant sage-femme, médecin ou chirurgien, par breuvages, violences..., procuré... (*comme ci-dessus*), lequel avortement s'en est suivi.

D'avoir, en..., par breuvage et médicament, tenté de procurer l'avortement de la fille M..., alors enceinte, laquelle tentative, etc.

Contre L..., de s'être, à la même époque, rendu complice de ladite tentative d'avortement, 1° en y provoquant par dons, etc., la fille M..., 2° en lui donnant des instructions pour la commettre, 3° en l'aidant et assistant, etc.

D'avoir, en..., volontairement causé à X..., une maladie *ou* incapacité de travail personnel pendant plus de vingt jours, en lui administrant des substances nuisibles à la santé.

D'avoir, en..., volontairement causé à X..., son père légitime (*ou* naturel, adoptif, *ou* son aïeul), une maladie, etc. Crime prévu, etc.

Art. 319. Homicide involontaire.

D'avoir, en..., par maladresse, imprudence, etc., commis involontairement un homicide sur la personne de...

S'il s'agit d'un prévenu se disant médecin :

D'avoir, en..., en faisant administrer à N... des remèdes d'une nature contraire au traitement de la maladie, etc. Délit prévu, etc.

Art. 320. Blessures involontaires.

D'avoir, en..., par maladresse, imprudence, défaut de précaution..., occasionné involontairement des blessures à... Délit prévu, etc.

Art. 328. Légitime défense.

Considérant qu'il résulte de l'instruction que X..., lorsqu'il a donné la mort à.... était dans le cas de légitime défense...

Art. 330. Outrage public à la pudeur.

D'avoir, en..., commis un outrage public à la pudeur. Délit prévu, etc.

Art. 331. Attentat à la pudeur sur des enfants de moins de treize ans.

D'avoir, en..., commis un attentat à la pudeur sur la personne de M..., âgée de moins de treize ans, *ou* alors âgée de moins de treize ans. (Inutile de dire *tenté ou consommé.*)

Lorsque les faits se sont répétés pendant un long temps, fréquemment, sans qu'il soit possible de les préciser et de les distinguer, on met :

D'avoir, en..., *à diverses reprises*, commis le crime d'attentat...

On ne doit pas mettre : *des attentats*, sans les spécifier, pour éviter la complexité.

D'avoir, en..., commis à diverses reprises, notamment le 25 mars de ladite année, le crime d'attentat, etc. Crime prévu...

Art. 332. Attentat à la pudeur avec violence.

D'avoir, le... *ou* dans le courant des années 1852, 1853 et 1854, à diverses reprises, commis le crime de viol sur la personne de... âgée de moins de quinze ans accomplis.

Ou alors âgée de moins de quinze ans (*si au moment de l'arrêt elle a plus de quinze ans*).

D'avoir, en..., commis une tentative de viol sur la personne de..., alors âgée de moins de quinze ans accomplis, laquelle tentative manifestée..., etc.

Contre X..., de s'être, le même jour, rendu complice de la tentative de viol ci-dessus mentionnée, en aidant et assistant avec connaissance, etc. —

Ou de la tentative de viol commise sur la parsonne de... âgée de moins de quinze ans, par un individu resté inconnu, laquelle tentative manifestée, etc., en aidant et assistant, etc.

D'avoir, en..., commis un attentat à la pudeur avec violence sur la personne de ..., âgée de moins de quinze ans. Crime prévu, etc.

La circonstance que l'enfant est âgée de moins de onze ans ne doit pas être mentionnée. (Mais voyez notes sous l'art. 332 C. pén., n° 19.)

Art. 333. Attentat à la pudeur et viol : circonstances aggravantes.

D'avoir, en..., à diverses reprises, commis le crime d'attentat à la pudeur sur la personne de..., âgée de moins de treize ans, sa fille légitime. Art. 331, 333 C. pén. — *Ou* dont il était l'ascendant, — *ou* dont il était l'instituteur.

Ou commis un attentat à la pudeur, avec violence, sur la personne de..., âgée de moins de quinze ans, sa fille légitime ;

Ou fille de sa femme, demeurant avec eux, et sur laquelle par conséquent il avait autorité.

V. sous l'art. 333, n° 3, C. pén.

Ou ouvrière, apprentie de sa femme, habitant avec eux, et sur laquelle il avait autorité.

Ou sa domestique, et sur laquelle par conséquent il avait autorité.

Ou laquelle avait été placée en pension chez lui par l'administration des hospices, et sur laquelle, par conséquent, il avait autorité ;

Ou alors qu'il était serviteur à gages du père de la susnommée *ou* d'une personne ayant autorité sur la susnommée.

V. sous l'art. 333, n° 16, C. pén.

Ou sur la personne de..., âgée de moins de quinze ans, laquelle à cette époque était domestique de M... dont il (*l'accusé*) était lui-même serviteur à gage à la même époque.

V. sous l'art. 333, n° 15, C. pén.

D'avoir, en..., étant fonctionnaire public, commis un attentat à la pudeur, avec violence, sur la personne de..., âgée de moins de quinze ans.

D'avoir, le..., commis avec violence un attentat à la pudeur sur la personne de..., étant aidé par X... *ou* par plusieurs personnes dans son crime ;

Ou s'il y a deux accusés ; étant aidés l'un par l'autre dans la consommation du crime.

Crime prévu par les art. 332, 333 C. pén.

Art. 334. Excitation à la débauche.

D'avoir, en..., attenté aux mœurs, en excitant habituellement la débauche et la corruption de la jeunesse au-dessous de l'âge de vingt et un ans, à l'égard de..., âgée de..., dont il était le père *ou* tuteur.

Délit prévu...

Art. 337. Adultère.

De s'être, en..., rendue coupable du délit d'adultère. Délit prévu...

Art. 338. Complicité d'adultère.

De s'être, en..., rendu complice du délit d'adultère commis par la femme X... Délit prévu...

Art. 339. Entretien d'une concubine.

D'avoir, en..., entretenu une concubine dans la maison conjugale. Délit prévu...

Art. 340. Bigamie.

D'avoir, le..., étant engagé dans les liens du mariage, contracté un autre mariage avant la dissolution du précédent.

Ou d'avoir, le..., contracté mariage avec la nommée A..., lorsqu'il était encore dans les liens d'un précédent mariage contracté avec la nommée B... Crime prévu...

Art. 341 et suiv. Arrestations illégales, séquestrations.

D'avoir, en..., sans ordre des autorités constituées, hors les cas où la loi ordonne de saisir des prévenus, et avec menaces de mort, détenu et séquestré le nommé X... pendant... Art. 341 et 344 C. pén.

Ou séquestré la personne de..., leur fille ; ladite détention ou séquestration ayant duré plus d'un mois. Art. 341 et 342.

Art. 345. Enlèvement, recélé, suppression, supposition, défaut de représentation d'enfants.

D'avoir, en..., commis le crime de suppression d'enfant, en faisant volontairement disparaître l'enfant nouveau-né dont elle venait d'accoucher...

— En faisant inscrire, le..., sur le registre de l'état civil de..., sous les noms de X..., l'enfant dont N... était accouchée le..., ainsi que cela résulte d'un jugement rendu par le tribunal de..., le..., passé en force de chose jugée.

D'avoir, en..., commis le crime de supposition d'un enfant à une femme qui n'était pas accouchée, en s'attribuant le..., à l'aide de l'inscription faite le..., l'enfant de X..., en le déclarant né d'elle.

V. sous l'art. 345, n° 24, C. pén.

De n'avoir pas, en..., étant chargé d'un enfant nommé X..., représenté cet enfant à la personne qui avait le droit de le réclamer. Crime prévu...

Art. 346. Omission de la déclaration de la naissance d'un enfant.

D'avoir, en..., ayant assisté à l'accouchement de la fille X... comme médecin *ou* sage-femme, et à défaut du père, négligé de faire la déclaration à lui prescrite par l'art. 56 C. N., dans les délais fixés par l'art. 55 du même Code.

D'avoir, en..., négligé de faire, dans les délais fixés par l'art 55 C. N., la déclaration de la naissance de l'enfant dont la femme N... est accouchée le..., conformément à l'art. 56 même Code. Délit prévu...

Art. 349 et suiv. Exposition et délaissement d'enfant.

D'avoir, en..., exposé et délaissé dans un lieu solitaire son enfant au-dessous de l'âge de sept ans accomplis.

D'avoir, en..., donné l'ordre, qui a été exécuté, d'exposer et de délaisser dans un lieu solitaire *tel* enfant au-dessous de l'âge de sept ans accomplis.

Ajouter, si les circonstances se rencontrent :

Exposition et délaissement par suite desquels l'enfant est demeuré mutilé ou estropié.

Ou : exposition et délaissement dont la mort s'est ensuivie. Art. 351.

D'avoir, en..., exposé et délaissé dans un lieu non solitaire *tel* enfant au-dessous de l'âge de sept ans accomplis. Art. 352.

Ajouter, si la circonstance se rencontre :

Et dont il était le tuteur *ou* l'instituteur. Délit prévu, etc.

Nota. Alors même que l'accusé est le père de l'enfant, il faut dire qu'il est son tuteur. Art. 353.
V. sous l'art. 353, n° 1, C. pén.

Art. 354 et suiv. Enlèvement de mineurs.

D'avoir, en..., détourné par fraude *ou* par violence X..., mineure, au-dessus *ou* au-dessous de seize ans, du domicile de N..., à l'autorité duquel elle était soumise, *ou* du lieu où elle avait été mise par son père, à l'autorité duquel elle était soumise. Art. 354 et 355 C. pén.

D'avoir, en..., étant alors majeur de vingt et un ans, enlevé par fraude, du lieu..., la fille G..., âgée de moins de seize ans, laquelle avait consenti à son enlèvement. Art. 354 et 356 C. pén.

Art. 361. Faux témoignage en matière criminelle.

D'avoir, le..., devant la cour d'assises de..., porté un faux témoignage, en matière criminelle, contre X..., accusé, *ou en* faveur de X..., accusé. Crime prévu, etc.

Art. 362. Faux témoignage en matière correctionnelle et de police.

D'avoir, le..., à l'audience du tribunal de première instance de..., porté un faux témoignage, en matière correctionnelle, en faveur de..., prévenu.

D'avoir, le..., à l'audience du tribunal de simple police du canton de..., porté un faux témoignage en faveur de..., prévenu d'une contravention de police, ayant reçu de l'argent *ou* une récompense, *ou* des promesses pour commettre cette action. Art. 362, 364.

De s'être, à la même époque, rendu complice du faux témoignage en matière correctionnelle, fait en sa faveur comme prévenu, par B..., à ladite audience, en lui donnant des instructions pour commettre cette action. Délit prévu...

Art. 363. Faux témoignage en matière civile.

D'avoir, le..., dans une enquête devant N..., juge au tribunal de première instance de..., fait un faux témoignage en matière civile. Crime prévu...

Art. 365. Subornation de témoins.

D'avoir, en..., commis le crime de subornation de témoins en matière correctionnelle, en provoquant 1° B..., 2° M..., à faire, à l'audience du tribunal de première instance de..., où il était cité comme prévenu, un faux témoignage en sa faveur, faux témoignage que lesdits B... et M... ont effectivement porté. Art. 362, 364 et 365.

V. sous l'art. 365 C. pén., n°s 6 et suivants.

Ou d'avoir, *en*..., suborné les témoins N... et X..., lesquels ont fait en matière correctionnelle à l'audience du... (*Comme ci-dessus.*)

De s'être, en..., rendu complice du crime de faux témoignage ci-dessus qualifié, en provoquant à ce crime par dons, promesses *ou* en donnant des instructions pour le commettre.

V. sous l'art. 365 C. pén., n°s 6 et suivants.

Crime prévu...

Art. 366. Faux serment en matière civile.

D'avoir, le..., à l'audience du juge de paix du canton de..., fait un faux serment en matière civile.

D'avoir, le..., à l'audience du tribunal de première instance de..., ou à l'audience de conciliation tenue le..., par le juge de paix du canton de..., fait un faux serment qui lui avait été déféré *ou* référé en matière civile.

Art. 373. Dénonciation calomnieuse.

D'avoir, en..., fait par écrit, à X..., officier de..., une dénonciation calomnieuse contre N... Délit prévu...

Art. 378. Révélation de secrets.

D'avoir, en..., révélé, hors le cas où la loi l'obligeait à se porter dénonciateur, un secret qui lui avait été confié à raison de sa qualité de... Délit prévu...

Art. 379. VOLS.

Il convient d'énumérer en détail les objets volés, au moins les principaux, sauf à mettre : *Et autres objets mobiliers.* Ainsi, on ne doit pas se contenter de dire : *Des objets mobiliers, de l'argenterie, des effets d'habillement, etc.*

On peut être obligé de comprendre plusieurs faits de vol dans la même qualification, sans encourir le reproche de complexité, lorsqu'ils se sont répétés nombre de fois. Ainsi, l'on dit :

D'avoir, en..., *ou* de telle époque à telle époque, soustrait frauduleusement, à diverses reprises, tels objets..., appartenant à N...

De même, lorsque des vols ont été commis simultanément dans un même lieu ou une même maison, au préjudice de diverses personnes, on peut les réunir dans une seule qualification, et dire :

D'avoir, en..., soustrait frauduleusement une certaine quantité de vin au préjudice : 1° de N... ; 2° de D... ; 3° de S... ; *ou* tels et tels objets, appartenant à N... et X...

Sans qu'il soit besoin de distinguer les objets volés à chacun, mais on peut aussi faire cette distinction. V. sous l'art. 337 C. i. cr., n°s 189 et suiv.

V. les formules sous l'art. 384 C. pén.

Art. 380. VOLS PAR UN ÉPOUX, DESCENDANT, ETC., ET RECELS.

D'avoir, en..., recélé *ou* appliqué à son profit tout *ou* partie des objets (*les désigner*) volés le..., par la femme N..., au préjudice de son mari. Délit prévu...

Art. 381. VOLS AVEC LES CINQ CIRCONSTANCES.

D'avoir, en..., soustrait frauduleusement la nuit, conjointement *ou* conjointement avec un autre individu resté inconnu, étant porteurs d'armes apparentes *ou* cachées, à l'aide d'effraction extérieure *ou* d'escalade, *ou* de fausses clefs, dans une maison habitée, avec violences *ou* avec menaces de faire usage de leurs armes, *tel* objet..., appartenant à... Crime prévu...

Art. 382. VOLS A L'AIDE DE VIOLENCE.

D'avoir, en..., soustrait frauduleusement, à l'aide de violences, une somme d'argent au préjudice de D... Art. 382.

D'avoir, le..., commis, à l'aide de violences qui ont laissé des traces de blessures et de contusions, une tentative de soustraction frauduleuse au préjudice de..., laquelle tentative manifestée, etc.

Art. 383. VOLS SUR LES CHEMINS PUBLICS.

D'avoir, du mois de... 1850, au mois de... 1852, soustrait frauduleusement sur un chemin public, conjointement, la nuit, des ballots de marchandises, des étoffes et d'autres effets mobiliers, *ou* une voiture, au préjudice de personnes restées inconnues.

D'avoir, en..., soustrait frauduleusement, sur un chemin public, conjointement, la nuit, à l'aide de violences, étant porteur d'armes et ayant menacé d'en faire usage, tels objets, au préjudice de X... Crime prévu...

Art. 384. VOLS, EFFRACTION, ESCALADE, FAUSSE CLEF.

D'avoir, en..., soustrait frauduleusement, conjointement entre eux, *ou* avec N..., *ou* avec un individu resté inconnu, à l'aide d'effraction *ou* d'escalade dans un enclos, *ou* dans une maison habitée, une église, *ou* dans un jardin dépendant d'une maison habitée, *tel* objet (*le désigner*), appartenant à... Art. 384, 386 C. pén.

S'il y a incertitude sur la manière dont l'accusé s'est introduit, on met :

D'avoir, en..., soustrait frauduleusement à l'aide *soit* de fausses clefs, *soit* d'effraction, dans un édifice, une redingote au préjudice de A...

V. néanmoins les notes sous l'art. 337 C. i. cr., n°s 139 et suiv.

Ou dans une cabane fermée et servant à l'habitation d'un bateau stationnant sur le canal de l'Ourcq, un matelas... au préjudice de...

Nota. Des effractions faites dans une maison à des meubles différents, appartenant à la même personne, dans lesquels on a volé ou tenté de voler, n'établissent pas autant de vols. Il n'y a toujours qu'un vol ou une seule tentative de vol.

V. les formules sous l'art. 379 C. pén.

Lorsque, outre les circonstances mentionnées dans le n° 4 de l'art. 381, il y a lieu de relever une ou plusieurs de celles prévues par l'art. 386, on vise à la fois l'art. 384 et l'art. 386.

Si aucune autre circonstance aggravante ne se joint à celle de l'escalade ou de l'effraction, on met : dans un édifice, au lieu de mettre : dans une maison habitée.

Art. 385. VOLS AVEC TROIS CIRCONSTANCES.

D'avoir, le..., soustrait frauduleusement à l'aide de violence *tel* objet, appartenant à...

D'avoir, le..., soustrait frauduleusement, la nuit, conjointement entre eux *ou* avec un individu resté inconnu, dans une maison habitée, l'un d'eux étant porteur d'armes, tel objet..., appartenant à... Crime prévu...

Art. 386. Vols avec circonstances.

§ 1er. — *Vols conjointement, nuit, lieu habité.*

D'avoir, en..., soustrait frauduleusement, conjointement entre eux *ou* avec un individu resté inconnu, *ou* avec un individu depuis décédé, la nuit, tel objet..., appartenant à...

D'avoir, en..., soustrait frauduleusement, conjointement entre eux, *ou* la nuit, dans un lieu habité *ou* dans une dépendance de maison habitée, tel objet..., appartenant à...

Ou dans un édifice consacré au culte catholique (l'église de...), légalement établi en France, de l'argent monnayé, au préjudice de la fabrique de ladite église.

Ou dans la sacristie de l'église de..., édifice consacré, etc.

Nota. S'il y a incertitude sur le lieu précis des bâtiments habités où le vol a été commis, mettre : *Dans des lieux habités.*

Si le vol a été commis dans une prison, mettre : *Dans un édifice habité.*

§ 2. — *Vols avec armes.*

D'avoir, en..., soustrait frauduleusement, la nuit, dans une maison habitée, étant porteur d'armes (*ou* d'une arme), etc. Crime, etc.

Nota. Inutile de dire si elle était apparente ou cachée. La circonstance est indifférente.

§ 3. — *Vols domestiques.*

D'avoir, en..., soustrait frauduleusement une somme d'argent, du linge et autres effets mobiliers, au préjudice de..., dont elle était domestique, *ou* femme de service à gages.

D'avoir, en..., soustrait frauduleusement, dans la maison de N..., dont il était domestique *ou* homme de service à gages, au préjudice de X..., *ou* d'individus inconnus qui se trouvaient dans ladite maison, *tel* objet.

Ou au préjudice des personnes ci-après nommées qui se trouvaient dans ladite maison, savoir : 1° au préjudice de..., *tel* objet; 2° au préjudice de..., *tel* objet.

Ou tels objets, au préjudice de R..., ancien domestique, qui avait laissé lesdits objets dans la maison.

Ou tels objets, au préjudice de X..., qui habitait ladite maison.

Nota. Si les objets volés appartenaient en partie au maître, en partie à un tiers qui se trouvait dans sa maison, il y aurait lieu de diviser et de faire deux chefs d'accusation : l'un pour le vol au préjudice du maître, l'autre pour le vol au préjudice du tiers qui se trouvait dans sa maison.

D'avoir, en..., soustrait frauduleusement, dans une maison où il accompagnait le sieur C..., dont il était domestique, *tel* objet, au préjudice de...

D'avoir, en..., soustrait frauduleusement, *tel* objet, dans la maison et au préjudice de N..., dont il était ouvrier *ou* apprenti. *Ou bien* : dans les magasins *ou* dans l'atelier, et au préjudice de..., dont il était ouvrier *ou* apprenti.

D'avoir, en..., soustrait frauduleusement dans l'habitation de X..., où il travaillait habituellement, une certaine quantité de plomb et de cuivre, au préjudice de... (soit du maître, soit d'un tiers à qui l'objet appartenait.)

Nota. Si le vol commis par le domestique ou l'ouvrier a été accompagné de quelques autres circonstances aggravantes, on doit les énoncer :

D'avoir, en..., soustrait frauduleusement, la nuit, à l'aide d'effraction *ou* de fausse clef, dans la maison et au préjudice de..., dont il était domestique *ou* ouvrier, *ou* dans la maison où il travaillait habituellement, et au préjudice de..., etc. Art. 384, 386 C. pén.

Ou soustrait frauduleusement, conjointement, dans l'hospice de la Vieillesse, où ils travaillaient habituellement, des draps..., au préjudice de l'Assistance publique. Art. 381, 386.

Nota. Si le vol a été commis conjointement par un domestique et un autre individu, on met :

D'avoir, en..., soustrait frauduleusement, conjointement, dans une maison habitée, tel objet, au préjudice de..., dont R... était domestique. Art. 386, §§ 1 et 3.

§ 4. — *Vols par des voituriers.*

D'avoir, en..., soustrait frauduleusement, étant préposé d'un voiturier, tels objets qui lui avaient été confiés à ce titre, et qui appartenaient à X..., *ou* qui devaient être remis à...

Ou d'avoir, en..., étant préposé de X..., voiturier, soustrait frauduleusement une somme d'argent qui lui avait été confiée à ce titre par N..., à la charge de la rendre et représenter. Crime prévu...

Art. 388. Vols dans les champs.

D'avoir, en..., soustrait frauduleusement, dans les champs, des instruments d'agriculture appartenant à..., *ou* soustrait frauduleusement du bois dans une vente appartenant à...

D'avoir, en..., soustrait frauduleusement, la nuit, dans les champs, des récoltes détachées du sol, *ou* non encore détachées du sol, appartenant à...

D'avoir, le..., la nuit, étant porteur d'une arme, tenté de soustraire frauduleusement, au préjudice de T..., dans les champs, des productions utiles de la terre qui n'étaient point encore détachées du sol; laquelle tentative manifestée, etc. Art. 386.

D'avoir, le..., soustrait frauduleusement, conjointement, la nuit, à l'aide d'une voiture, dans les champs, des récoltes déjà détachées du sol, savoir : 1° au préjudice de..., 2° au préjudice de... Art. 386, 388.

Art. 390. Vols, maison habitée.

D'avoir, en..., soustrait frauduleusement dans

une cabane fermée et servant à l'habitation d'un bateau stationnant à..., etc.

Ou dans un bateau où il existe une cabane habitée..., etc.

Ou dans une maison qui, sans être encore habitée, était destinée à l'habitation, etc...

Il s'agissait dans l'espèce d'une maison en construction, non encore totalement achevée.

Crime prévu...

Art. 396. Effraction intérieure.

D'avoir, en..., soustrait frauduleusement, dans un édifice, à l'aide d'effraction, un coffret fermé à clef contenant..., au préjudice de...

D'avoir, en..., soustrait frauduleusement à l'aide d'effraction, dans un édifice, trois ballots sous toile et corde contenant une caisse fermée par des clous, qui contenait des rubans, au préjudice de... Crime prévu...

Art. 397. Escalade.

D'avoir, en..., soustrait frauduleusement, dans une cave d'une maison habitée, tel objet, au préjudice de..., en s'introduisant dans ladite cave par des ouvertures souterraines (les soupiraux) autres que celles établies pour servir d'entrée.

Art. 399. Clefs contrefaites.

D'avoir, en..., contrefait *ou* altéré des clefs.

D'avoir, en..., étant serrurier de profession, contrefait une clef.

Art. 400. Extorsion de signature, d'écrits, etc.

§ 1er. — *Extorsion de signature, d'écrits.*

D'avoir, en..., extorqué par contrainte la signature de X..., sur un billet à ordre contenant obligation à son profit, pour la somme de... (*Faire connaître l'objet du titre, sa date, etc.*)

Ou extorqué par force, violence et contrainte, à..., la signature d'un écrit contenant obligation par celui-ci de payer la somme de... Crime prévu...

§ 2. — *Détournement d'objets saisis.*

D'avoir, en..., détourné des objets mobiliers *ou* marchandises saisis sur lui, et dont la garde avait été confiée à un tiers, *ou* à lui-même.

D'avoir, en..., aidé sciemment le nommé X..., dont il était le conjoint, dans le détournement des objets saisis sur lui, et confiés à la garde d'un tiers. Délit prévu...

V. notes sous l'art. 400, § 3, sur la complicité.

Art. 401. Vols simples.

D'avoir, en..., soustrait frauduleusement tel objet appartenant à X... Délit prévu...

Art. 402. Banqueroute.

§ 1er. — *Banqueroute frauduleuse.*

591 C. comm. — D'avoir, en..., étant commerçant failli, commis le crime de banqueroute frauduleuse :

1° En soustrayant ses livres;

2° En détournant tout ou partie de son actif, *ou* partie de son actif;

3° En dissimulant une partie de son actif.

Nota. Ces deux derniers faits peuvent, suivant les circonstances, constituer des chefs distincts.

4° En se reconnaissant frauduleusement débiteur dans ses écritures, *ou* par des actes publics, *ou* par des engagements sous signature privée, *ou encore* par son bilan, de sommes qu'il ne devait pas.

§ 2. — *Crimes et délits commis par des tiers.*

593 C. comm. — D'avoir, en..., dans l'intérêt de X..., commerçant failli, soustrait, recélé *ou* dissimulé une partie de ses biens.

D'avoir, en..., frauduleusement présenté dans la faillite de X..., et affirmé *soit* en son nom, *soit* par interposition de personnes, des créances supposées.

Contre la femme X..., 1° d'avoir, en..., dans l'intérêt de son mari, commerçant failli, recélé des effets appartenant à la faillite;

2° De s'être, à la même époque, rendue complice du crime de banqueroute frauduleuse imputé audit X..., commerçant failli, en aidant et assistant, avec connaissance, celui-ci, dans les faits qui ont préparé, facilité ou consommé le détournement ou la dissimulation par lui opérés d'une partie de son actif au préjudice de ses créanciers. Art. 591, 593, 594 C. comm.; 59, 60, 402 et 403 C. pén.

Nota. S'il y a plusieurs chefs de banqueroute, on peut mettre :

De s'être..., etc., rendue complice dans tous les chefs ci-dessus spécifiés, du crime de banqueroute frauduleuse, en aidant et assistant, etc.

597 C. comm. — D'avoir, en..., stipulé avec X..., commerçant failli, dont il est créancier, des avantages particuliers, à raison de son vote dans les délibérations de la faillite.

Ou d'avoir fait avec X..., commerçant failli, un traité particulier duquel résultait en sa faveur un avantage à la charge de l'actif du failli.

§ 3. — *Banqueroute simple.*

585 C. comm. — D'avoir, en..., étant commerçant failli, commis le délit de banqueroute simple :

1° En faisant des dépenses personnelles (*ou* des dépenses de maison) excessives;

2° En consommant de fortes sommes à des opérations de pur hasard, *ou* à des opérations fictives de bourse, *ou* sur marchandises;

3° En faisant, dans l'intention de retarder sa faillite, des achats pour revendre au-dessous du cours; *ou* en se livrant, dans la même intention, à des emprunts, circulation d'effets, ou autres moyens ruineux de se procurer des fonds.

Nota. Dans cette dernière phrase, on a joint les divers moyens qu'indique la loi; mais ils peuvent ne pas se rencontrer tous à la fois.

4° En payant, après la cessation de ses payements, un créancier, *ou* certains créanciers, au préjudice de la masse. Délit prévu par les art. 585 du C. de comm. et 402 du C. pén.

Art. 586 C. comm. — D'avoir, en..., étant commerçant failli, commis le délit de banqueroute simple :

1° En contractant, pour le compte d'autrui, sans recevoir des valeurs en échange, des engagements jugés trop considérables, eu égard à sa situation lorsqu'il les a contractés;

2° En étant de nouveau déclaré en faillite, sans avoir satisfait aux obligations d'un précédent concordat;

3° En ne se conformant pas, étant marié sous le régime dotal (*ou* étant séparé de biens), aux art. 69 et 70 du C. de comm.;

4° En ne faisant pas au greffe la déclaration de la cessation de ses payements, dans les trois jours de ladite cessation; *ou* en ne mentionnant pas, dans la déclaration qu'il a faite de la cessation de ses payements, le nom de tous ses associés solidaires;

5° En ne se présentant pas en personne, sans empêchement légitime, au syndic de sa faillite, dans les cas et dans les délais fixés.

Nota. Il faut, pour admettre ce chef, qu'il soit établi que le failli a été sommé par huissier de se présenter. (C. comm. 475.)

5° *bis.* *Ou* en ne se représentant pas à justice, après avoir obtenu un sauf-conduit;

6° En ne tenant pas de livres;

7° En ne faisant pas exactement inventaire;

Ou en tenant des livres *ou* faisant des inventaires incomplets ou irréguliers; *ou* en tenant des livres *ou* faisant des inventaires qui n'offrent pas sa véritable situation active et passive.

Délit prévu par les art. 586 du C. de comm. et 402 du C. pén.

Lorsque le crime de banqueroute existe, le délit de banqueroute simple y devient connexe; alors, il faut dire :

Crime et délit connexes prévus par les art. 591, 585 (ou 586) du C. de comm. et 402 du C. pén.

Art. 403. Complicité de banqueroute frauduleuse.

V. les formules sous l'art. 402 C. pén.

Art. 404. Faillite des agents de change.

D'avoir, en..., étant agent de change, cessé ses payements et fait ainsi faillite.

D'avoir, à la même époque, commis le délit de banqueroute simple :

1° En se livrant à des dépenses personnelles et de maison excessives;

2° Etc. — Crime et délit connexes, prévus par les art. 404 du C. pén., 585 C. comm.

V. notes sous l'art. 404 C. pén.

Art. 405. Escroquerie.

De s'être, en..., en faisant usage d'une fausse qualité, *ou* de faux *noms*, *ou* en employant des manœuvres frauduleuses pour persuader l'existence de fausses entreprises, d'un pouvoir ou d'un crédit imaginaire, *ou* pour faire naître l'espérance ou la crainte d'un succès, d'un accident, ou de tout autre événement chimérique, fait remettre par X... une somme de... (ou tels effets), et d'avoir ainsi escroqué partie de la fortune d'autrui. Délit prévu...

Art. 406. Abus des passions des mineurs.

D'avoir, en..., abusé des besoins, des faiblesses *ou* des passions du mineur X..., pour lui faire souscrire à son préjudice une obligation, *ou* une quittance, *ou* une décharge pour prêt d'argent, *ou* de choses mobilières, *ou* d'effets de commerce... Délit prévu...

Art. 407. Abus de blanc seing.

D'avoir, en..., abusé d'un blanc seing qui lui avait été confié, en écrivant frauduleusement au-dessus une obligation, *ou* une décharge, *ou* un acte pouvant compromettre la personne ou la fortune du signataire.

D'avoir, en..., commis le crime de faux en écriture privée, par abus de blanc seing qui ne lui avait pas été confié :

1° En fabriquant ou faisant fabriquer... V. *les formules sous les art.* 147, 150.

V. sous l'art. 407, n° 18 et suiv. C. pén.

Art. 408. Abus de confiance.

D'avoir, le..., détourné *ou* dissipé au préjudice de..., qui en était propriétaire, possesseur *ou* détenteur, des sommes d'argent *ou* des effets de commerce qui lui avaient été remis à titre de louage *ou* de dépôt, *ou* de mandat à la charge de les rendre, *ou* représenter, *ou* de les remettre à...

D'avoir, en..., détourné au préjudice de X..., dont il était domestique, ou homme de service à gages, élève, clerc, commis, ouvrier, compagnon, apprenti, une somme d'argent, des marchandises, etc., qui ne lui avaient été remises qu'à titre de louage, *ou* de dépôt, *ou* de mandat, *ou* pour un travail salarié, à la charge de les rendre ou représenter *ou* d'en faire un emploi déterminé.

Nota. On peut, sans tomber dans le vice de complexité, mettre :

D'avoir, en..., à diverses reprises, détourné une somme d'argent...

Ou d'avoir, de mai 1850 à janvier 1853, *ou* depuis moins de dix ans, à l'époque des premières poursuites, détourné... une somme d'argent, *ou* diverses sommes d'argent *ou* tels effets mobiliers, etc.

Nota. On spécifie en détail les sommes détournées.

Si les détournements comprennent des objets de diverses natures, s'ils ont eu lieu à des dates précises, différentes, s'il peut y avoir incertitude pour quelques-uns sur le sort de l'accusation, s'ils se réduisent surtout à un très-petit nombre, comme deux ou trois. Dans ces différents cas, on met :

D'avoir, en..., détourné, au préjudice de..., dont il était homme de service à gages : 1° une somme de 5,000 fr.; 2° une somme de 664 fr.; 3° une somme de 700 fr., lesquelles sommes ne lui avaient été remises qu'à titre de dépôt, à la charge de les rendre ou les représenter.

D'avoir, en..., étant secrétaire de la commune de..., et comme tel commis salarié, détourné au préjudice des victimes..., la somme de..., montant de versements faits par une souscription ouverte dans les bureaux de..., laquelle somme a été reçue par lui, à titre de dépôt *ou* de mandat, à charge de la rendre ou de la représenter.

Ou détourné, au préjudice de la fabrique de..., une somme de..., sur les recettes du produit des convois que ledit... était chargé d'effectuer en qualité de commis de ladite fabrique, et moyennant une remise convenue, laquelle somme... (Même fin).

D'avoir, en..., détourné au préjudice de..., dont il était commis, plusieurs lettres missives contenant des commandes de marchandises qui auraient dû être expédiées, et contenant ou opérant ainsi obligation ou décharge; lesquelles lettres missives ne lui avaient été remises qu'à titre de mandat, à la charge de les rendre ou représenter à ses patrons. Crime prévu...

Art. 410. Maisons de jeux.

D'avoir, en..., tenu une maison de jeux de hasard, et d'y avoir admis le public, soit librement, soit sur la présentation des intéressés ;

Ou d'avoir, en..., été banquier d'une maison de jeux de hasard, etc. Délit prévu...

Art. 411. Maisons de prêts sur gages.

D'avoir, en ..., établi *ou* tenu une maison de prêts sur gages *ou* nantissement, sans autorisation légale. Délit prévu...

Art. 412. Entraves aux enchères.

D'avoir, en..., dans l'adjudication d'une propriété immobilière, *ou* d'objets mobiliers, d'une entreprise, d'une fourniture, entravé *ou* troublé la liberté des enchères, *ou* des soumissions, par voies de fait, violence..., avant *ou* pendant les enchères *ou* soumissions.

D'avoir, en..., dans l'adjudication..., etc., par dons, promesses, écarté des enchérisseurs. Délit prévu...

Art. 414. Coalition de patrons et ouvriers.

D'avoir, en..., étant ouvriers, formé une coalition pour faire cesser en même temps de travailler, interdire le travail dans un atelier, etc., ladite coalition suivie d'un commencement d'exécution.

D'avoir, en..., été le chef *ou* le moteur d'une coalition entre ouvriers, formée pour..., etc. Délit prévu...

Art. 421. Paris sur les effets publics.

D'avoir, en..., fait des paris sur la hausse ou la baisse des effets publics.

Art. 423. Tromperie sur les choses vendues.

D'avoir, en..., trompé M... sur la nature d'une marchandise qu'il lui a vendue.

D'avoir, en..., et à diverses reprises, trompé sur la nature des marchandises vendues, en engageant au Mont-de-Piété, sans intention de les reprendre, des montres en cuivre et en maillechort blanchis, pour des montres en argent.

D'avoir, en..., vendu à la femme C..., du seigle, denrée alimentaire qu'il savait être falsifiée par le mélange d'une certaine quantité d'ivraie, nuisible à la santé. Art. 1, 2, loi 27 mars 1851.

Art. 425, 427 et suiv. Contrefaçon d'écrits.

D'avoir en..., contrefait, au mépris des lois et règlements relatifs à la propriété des auteurs, un tableau, etc.

D'avoir, en..., contrefait des ornements en bronze pour meubles, qui sont la propriété de X..., et d'avoir vendu lesdits ouvrages par lui contrefaits ;

Ou d'avoir, en..., fait contrefaire lesdits ornements, et débité les mêmes ornements ainsi contrefaits.

Délits prévus par les art. 1 et 2 de la loi du 19 juillet 1793 ; 425, 426, 427 et 429 du C. p.

D'avoir, en..., commis le délit de contrefaçon au préjudice de M..., en fabriquant, faisant fabriquer et débitant *tels* objets pour lesquels ledit M... avait obtenu des brevets d'invention et de perfectionnement.

Art. 12 L. 7 janvier 1791 ; C. pén., 427.

Art. 426, 427 et suiv. Débit d'ouvrages contrefaits.

D'avoir, en..., débité l'ouvrage intitulé..., ledit ouvrage imprimé et édité au mépris des lois relatives à la propriété des auteurs, et par conséquent protectrices de la propriété de X..., auteur dudit ouvrage ainsi contrefait. Délit prévu...

Art. 434. Incendies.

§§ 1 et 2. — *Incendie d'édifices habités.*

D'avoir, le..., *ou* dans la nuit du..., mis volontairement le feu à une maison habitée, *ou* à un bâtiment, à une grange dépendant d'une maison habitée, *ou* servant d'habitation, appartenant à autrui (*ou* à S...).

Ou bien : à lui appartenant.

Ou bien : à un édifice servant à l'habitation et appartenant à l'accusée et à son mari (conquêt de communauté);

Ou indivisément à lui-même et à autrui.

D'avoir, le même jour, au même lieu, tenté de mettre volontairement le feu à une *maison* habitée appartenant à..., laquelle tentative manifestée, etc.

Nota. On peut accuser d'avoir mis le feu *à des maisons habitées*, appartenant à..., si le but de l'incendiaire a été, en effet, de brûler toutes les maisons incendiées; alors, il n'y a pas de chef de communication à faire. V. *infrà*, § 7. Ch. d'acc. 21 janv. 1853. Fille Mulot.

Mais si le feu a été mis à une habitation ou à un édifice, sans qu'il soit établi que l'accusé a voulu aussi incendier d'autres édifices, c'est le cas de faire pour ceux-ci un chef de communication. V. ci-après, § 7. V. sous l'art. 434, n°s 68 et suiv., C. pén.

Si le feu a été mis en même temps à plusieurs habitations distinctes, c'est-à-dire à chacune d'elles en particulier, l'on peut voir là autant d'incendies, et non un seul. Ch. d'acc. 21 janv. 1853. Potage.

§ 3. — *Incendie d'édifices non habités appartenant à autrui.*

D'avoir, le..., mis volontairement le feu à un édifice non habité ni servant à habitation, appartenant à autrui.

Ou tenté volontairement de mettre le feu à un édifice non habité ni servant à l'habitation, appartenant pour la propriété à sa femme, et pour l'usufruit d'une portion à D..., père de cette dernière; *ou :* pour la propriété, à lui-même, et pour l'usufruit, à X...; *ou :* pour l'usufruit, à lui-même, et pour la propriété, à X..., laquelle tentative manifestée, etc.

Nota. On peut indiquer la nature de l'édifice; ainsi : Une cabane non habitée, etc.

D'avoir, le..., mis volontairement le feu à des récoltes sur pied qui ne lui appartenaient pas.

§ 4. — *Incendie d'édifices non habités appartenant à l'accusé.*

D'avoir, le..., en mettant le feu à un édifice non habité ni servant à l'habitation, à lui-même appartenant, causé volontairement un préjudice à autrui.

Nota. Si l'édifice était assuré, l'on peut dire :

D'avoir, le..., en mettant le feu à un édifice non habité ni servant à habitation, à lui-même appartenant, mais qui était assuré à *telle compagnie*, causé volontairement un préjudice à autrui (*ou* à ladite compagnie).

S'il s'agit d'un édifice non habité ou servant à habitation (par exemple, d'une grange), qui appartienne *indivisément* à l'accusé et à autrui, il peut y avoir lieu à une double qualification :

1° D'incendie d'une chose appartenant à autrui (§ 3, *suprà*);

2° D'incendie d'une chose appartenant à l'accusé, ayant causé préjudice à autrui. (Par exemple, si le bâtiment était assuré; s'il était occupé par un locataire dont les effets auraient été brûlés.

Lorsque l'édifice est habité ou sert à l'habitation, cette circonstance, par sa gravité, absorbe celle du préjudice causé à autrui, et il n'y a pas lieu de relever celle-ci. Ch. d'acc. 3 mai 1853. Marquot.

§ 5. — *Incendie de bois ou récoltes appartenant à autrui.*

D'avoir, le..., mis volontairement le feu à des récoltes en tas, *ou* en meules, appartenant à autrui, *ou* à sa femme séparée de biens.

D'avoir, le même jour, au même lieu, communiqué ledit incendie à des récoltes sur pied appartenant à autrui, en mettant volontairement le feu à des récoltes en tas placées de manière à communiquer ledit incendie.

§ 6. — *Incendie de bois ou récoltes appartenant à l'accusé.*

D'avoir, le..., en mettant le feu à des bois disposés *en* tas *ou* en stères à lui appartenant, volontairement causé un préjudice à autrui.

Ou bien : à des récoltes en meules *ou* en tas, à lui appartenant, etc. (*Comme dessus.*)

Quand l'objet était assuré, l'on peut dire :

D'avoir, le..., en mettant le feu à des bois disposés *en* tas, à lui-même appartenant, mais qui étaient assurés par *telle* compagnie, causé volontairement un préjudice à ladite compagnie. *V. ci-dessus*, § 4.

§ 7. — *Incendie par communication.*

D'avoir, le..., à..., communiqué l'incendie à un bâtiment habité appartenant à autrui, en mettant volontairement le feu à des matières combustibles, *ou* à des objets placés de manière à communiquer ledit incendie.

D'avoir, le même jour, au même lieu, *tenté* de communiquer l'incendie à des bâtiments habités appartenant à autrui, en mettant volontairement le feu à..., laquelle tentative manifestée, etc.

Lorsque l'incendie d'un bâtiment s'est communiqué à des édifices voisins, il y a lieu d'en faire un chef particulier. Ch. d'acc. 21 janv. 1853 (Potage). Ainsi, on met :

D'avoir, le même jour, au même lieu, communiqué l'incendie à une maison habitée appartenant à..., en mettant volontairement le feu à un bâtiment *ou* édifice placé de manière à communiquer ledit incendie.

— *Ou* en mettant volontairement le feu à sa propre habitation, laquelle était placée de manière à communiquer ledit incendie.

D'avoir, dans la même nuit, au même lieu, en mettant volontairement le feu au bûcher ci-dessus énoncé, lequel était placé de manière à communiquer l'incendie, communiqué en effet ledit incendie à un bâtiment habité, à lui appartenant.

§ 8. — *Incendie ayant occasionné la mort.*

D'avoir, en..., à..., volontairement mis le feu à une maison habitée, appartenant à autrui, lequel incendie a occasionné la mort de..., qui se trouvait dans les lieux incendiés au moment où il a éclaté. Crime prévu...

Art. 436. Menace d'incendie.

D'avoir, en..., par un écrit anonyme, menacé X... d'incendier sa maison, dans le cas où il ne ferait pas *telle* chose...

V. les formules sur l'art. 305.

Art. 437. Destruction d'édifices.

D'avoir, en..., volontairement détruit telle construction qu'il savait appartenir à autrui. Crime prévu...

Art. 439. Destruction de titres.

D'avoir, en..., volontairement détruit *ou* brûlé un acte de l'autorité publique.

— *Ou* un billet de commerce contenant obligation au profit de...

D'avoir, en..., volontairement détruit, en le déchirant, un billet de 100 francs par lui souscrit au profit de..., daté du..., et payable le... Crime *ou* délit prévu...

Art. 440. Pillage en réunion.

De s'être, en..., rendus coupables de pillage de denrées..., en réunion ou bande et à force ouverte, au préjudice de... Crime prévu...

Art. 445. Abatage d'arbres.

D'avoir, en..., abattu un *ou tel* nombre d'arbres qu'il savait appartenir à... Délit prévu...

Art. 456. Destruction de clôtures.

D'avoir, en..., en tout *ou* en partie, détruit une clôture appartenant à autrui. Délit prévu...

Art. 458. Incendie par négligence.

D'avoir, le..., par du feu laissé sans précaution suffisante, causé l'incendie de *tel objet* appartenant à... Délit prévu...

FIN DU FORMULAIRE.

PARIS. — TYPOGRAPHIE DE HENRI PLON, IMPRIMEUR DE L'EMPEREUR, RUE GARANCIÈRE, 8.

ON TROUVE AUX MÊMES LIBRAIRIES

Les Codes criminels, interprétés par la jurisprudence et la doctrine, suivis d'un formulaire contenant les qualifications légales des crimes et des délits adoptées par la chambre des mises en accusation de la Cour impériale de Paris; par M. ROLLAND DE VILLARGUES, conseiller à la Cour impériale de Paris, chevalier de la Légion d'honneur. 2e édition, revue et mise au courant de la législation nouvelle, et notamment de la loi du 13 mai 1863, modificative du Code pénal, et de la loi sur les [illegible] délits en matière correctionnelle. 1 volume grand in-8°. 18 fr. 50 c.

Code des Lois de la presse interprétées par le MÊME AUTEUR, vendu séparément. 5 fr.

TEULET. **Les Codes de l'Empire français,** contenant la Constitution des 14 janvier — 25 décembre 1852, les lois et décrets les plus récents, une nouvelle corrélation des articles des Codes, un supplément renfermant toutes les lois usuelles, et une TABLE GÉNÉRALE DES MATIÈRES. *Édition toujours au courant de la législation.* 1868. 1 fort vol. in-8°. 15 fr.

Les mêmes, *édition pocket*, 1868, 1 vol. in-32, 1547 pages. 8 fr.

Les mêmes, in-18, 1868. 6 fr.

Reliures élégantes en demi-chagrin, 2 fr. 50 pour l'in-8°, 1 fr. 50 pour l'in-18 et l'in-32.

On vend séparément dans le format in-32 :

— CODE NAPOLÉON ET CONSTITUTION. 1 fr. 25

— CODE DE PROCÉDURE CIVILE. 1 »

— CODE DE COMMERCE. » 75

— CODE D'INSTRUCTION CRIMINELLE ET CODE PÉNAL. 1 »

TEULET et CAMBERLIN. **Nouveau manuel des tribunaux de commerce,** divisé en trois parties : 1° législation, — Code de commerce complété par le rapprochement du texte des autres Codes et des lois, décrets, ordonnances et avis du Conseil d'État, concernant la juridiction consulaire; 2° historique et organisation des tribunaux de commerce; attributions des magistrats consulaires et des personnes attachées à la juridiction; faillites; assemblées de créanciers; syndics; comptabilité des faillites; conseils de prud'hommes; 3° formulaire général : — jugements, ordonnances et procès-verbaux; précédé de la liste par ordre chronologique de tous les membres de la juridiction consulaire de Paris depuis sa création (1563 à 1858), et suivi d'une table générale des matières par ordre alphabétique. 1 vol. in-8, 1858. 10 fr.

GRATTIER (AD. DE). **Commentaire des lois de la presse** et de tous les autres moyens de publicité. 2 vol. in-8°. 15 fr.

CARNOT. **De l'Instruction criminelle,** considérée dans ses rapports avec les lois nouvelles et la jurisprudence de la Cour de cassation. 2e édition. 1846. 4 volumes in-4°. 36 fr.

CARNOT. **Commentaire sur le Code pénal.** 2e édition, d'après le dernier texte du Code pénal. 1836. 2 volumes in-4°. 15 fr.

LEGRAVEREND. **Traité de la législation criminelle en France,** 3e édit., revue par M. DUVERGIER, avocat à la Cour d'appel de Paris. 2 volumes in-4°. 15 fr.

Les Codes expliqués par leurs motifs, par des exemples et par la jurisprudence, avec la solution, sous chaque article, des difficultés, ainsi que des principales questions que présente le texte, la définition des termes de droit, et la reproduction des motifs de tous les arrêts principes, suivis de formulaires, par M. ROGRON, secrétaire général du parquet de la Cour de cassation. 9 gros vol. in-18. 71 fr. 50

Code civil expliqué. 17e édit. 2 vol. in-18 de 2450 pages. 15 fr.

Code de procédure civile expliqué. 10e édition. 2 vol. de 1500 pages. 13 fr.

Code de commerce expliqué. 11e édition. 15 fr.

Code d'instruction criminelle expliqué. Cinquième édition, complétement refondue. 1 fort volume grand in-18, contenant plus de 1600 pages. 15 fr.

Code pénal expliqué. Septième édition. 1 fort volume grand in-18, contenant plus de 1400 pages. 15 fr.

Codes forestier, de la pêche fluviale et de la chasse expliqués. 2e édition. 1 vol. 8 fr.

LES MÊMES, 3e édition. 2 volumes grand in-4° à deux colonnes, contenant la matière de plus de 15 volumes in-8°. 35 fr.

Éléments de procédure civile, par M. BONNIER. 1 fort volume in-8°. 9 fr.

Éléments de droit pénal. Pénalité — Juridictions — Procédure, — suivant la science rationnelle, la législation positive et la jurisprudence, avec les données de nos statistiques criminelles, par M. ORTOLAN, professeur à la Faculté de droit de Paris. 1863. 3e édit. 2 forts vol. in-8°. 16 fr.

Résumé des Éléments de droit pénal. Pénalité — Juridictions — Procédure, suivant la science rationnelle, la législation positive et la jurisprudence, avec les données de nos statistiques criminelles, par M. ORTOLAN, professeur à la Faculté de droit de Paris. 1 fort vol. in-8°. 10 fr.

Cours de droit criminel (instruction criminelle et droit pénal), par Jacques BERRIAT-SAINT-PRIX. 3e édit., mise au courant de la législation, par Félix BERRIAT-SAINT-PRIX, [illegible], docteur en droit. 1 vol. in-8°. 4 fr.

Jurisprudence des codes criminels, par M. [illegible]. 2 vol. in-8°. 4 fr. 50 c.

Manuel d'instruction criminelle, par le MÊME. 2 vol. in-8°. 5 fr.

Traité des procès-verbaux en matière de délits et de contraventions, par M. MANGIN, précédé d'une introduction par M. FAUSTIN HÉLIE. 1 vol. in-8°. 8 fr.

Des fonctions d'officier de police judiciaire, par M. [illegible], juge au tribunal civil de la Seine. In-8°. 5 fr.

Annales du barreau français, ou choix des plaidoyers et mémoires les plus remarquables, tant en matière civile qu'en matière criminelle, depuis Lemaistre et Patru jusqu'à nos jours, avec une notice sur la vie et les ouvrages de chaque orateur, par MM. DUPIN aîné, DUPIN jeune, GRATTIER, [illegible], etc. 20 vol. in-8°. 200 fr. Les volumes séparés se vendent 8 fr. chacun.

PARIS. TYPOGRAPHIE DE HENRI PLON, IMPRIMEUR DE L'EMPEREUR, RUE GARANCIÈRE, 8.

www.ingramcontent.com/pod-product-compliance
Ingram Content Group UK Ltd.
Pitfield, Milton Keynes, MK11 3LW, UK
UKHW022114170726
13837UKWH00003B/1194